I0489019

Beginner's Drawing Lessons: Butterflies

Beginner's Guide to Drawing Butterflies

How to Draw Butterflies

By : Gala Publication

Published By :

Gala Publication
© Copyright 2015 – Gala Publication

ISBN-13: **978-1522786450**
ISBN-10: **1522786457**

Table of Contents

BUTTERFLIES

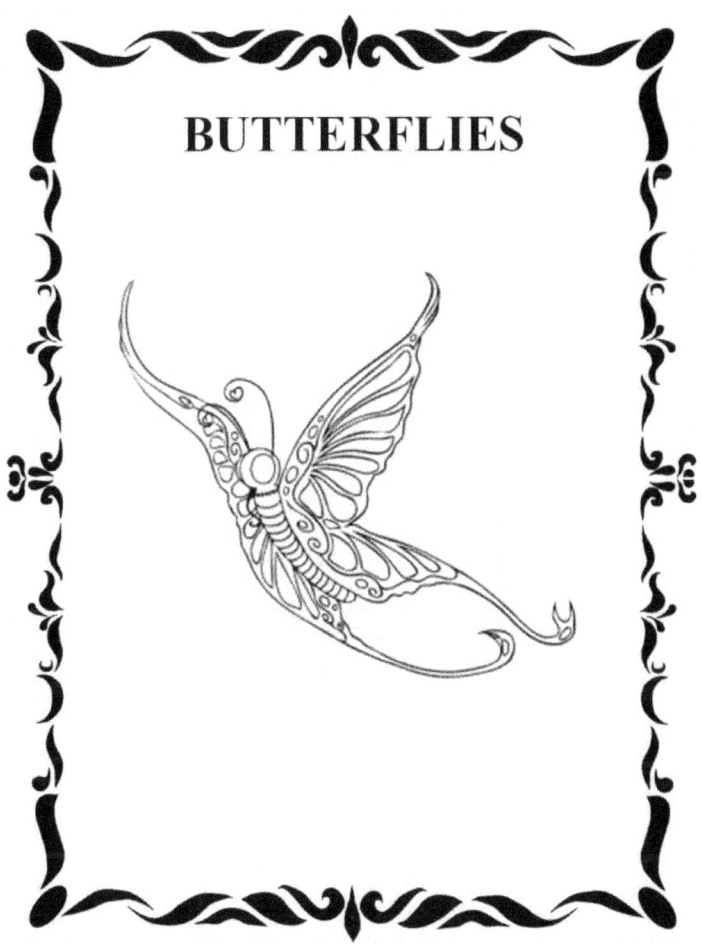

STEP 1

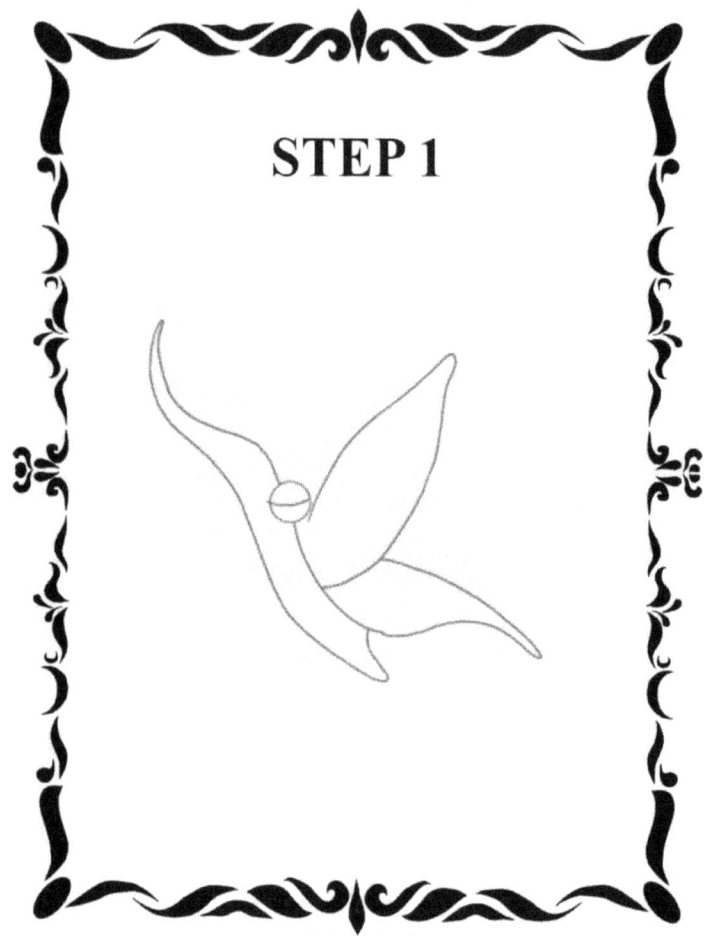

STEP 2

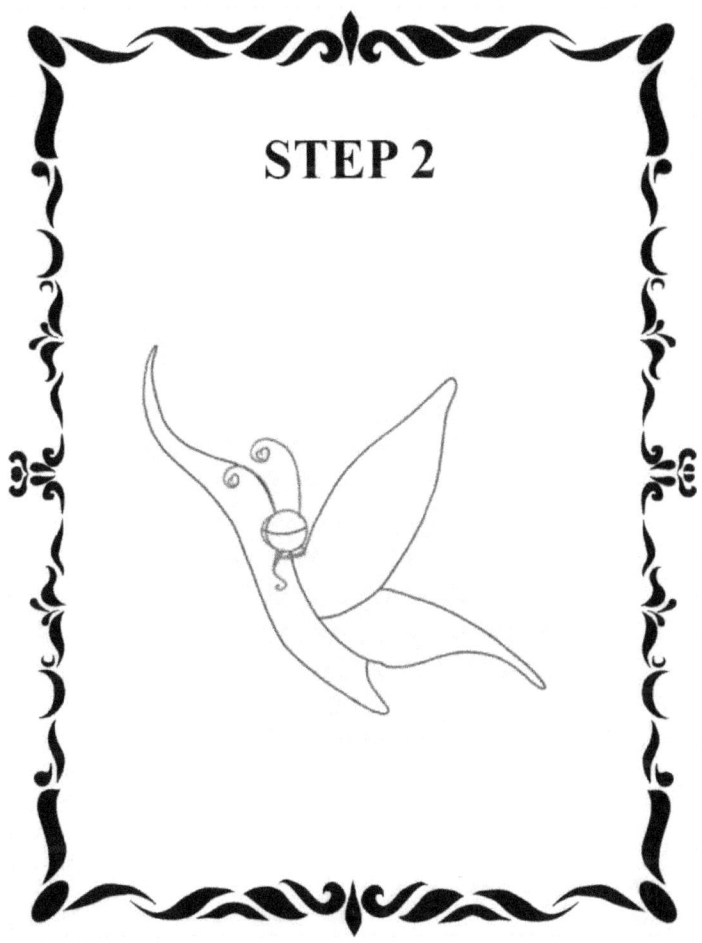

STEP 3

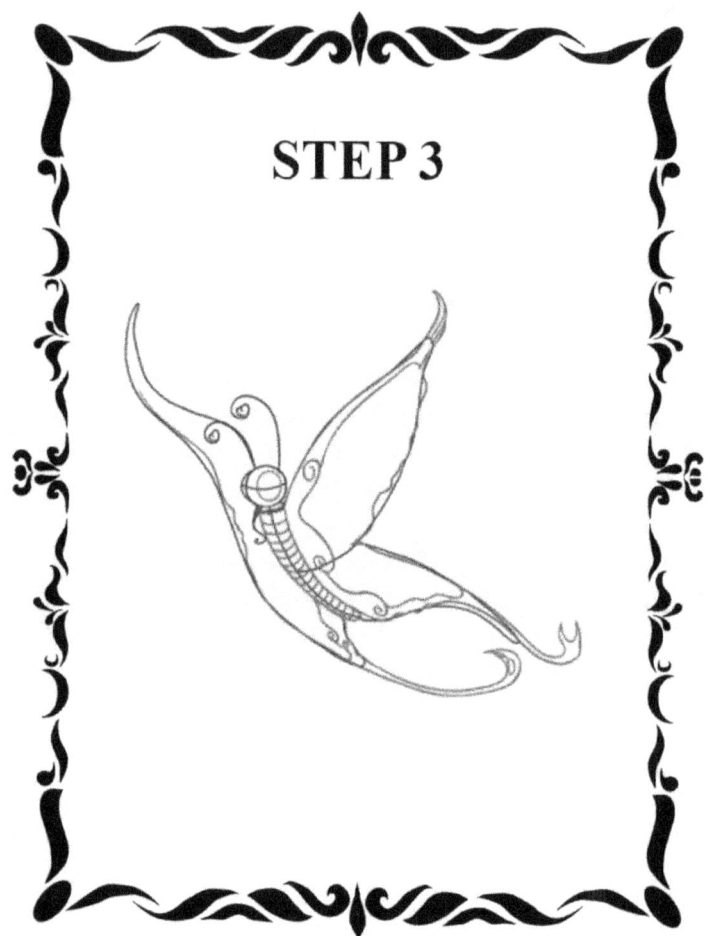

STEP 4

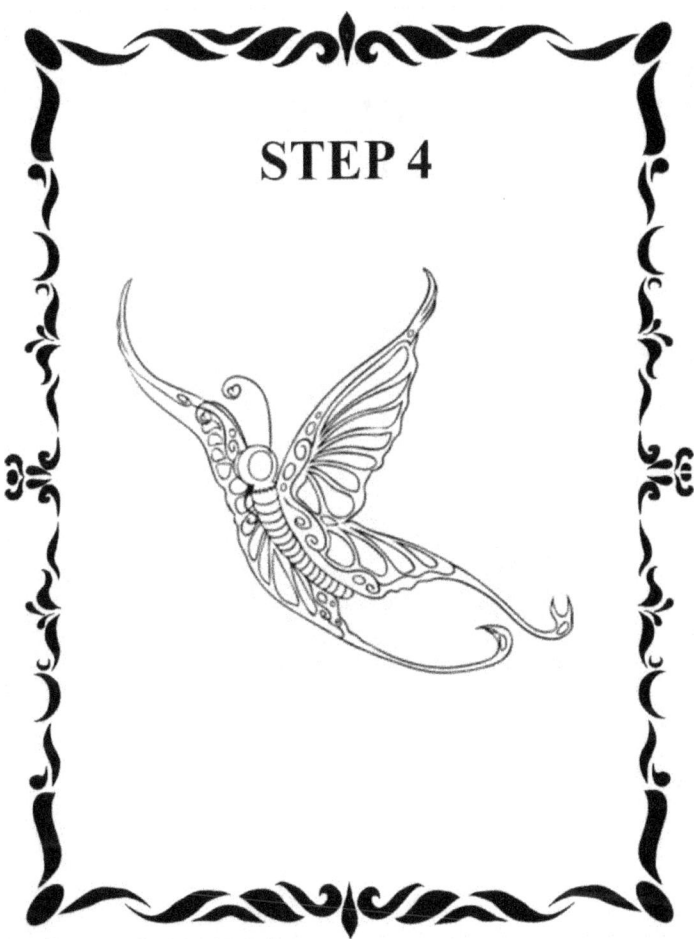

BUTTERFLY DESIGN

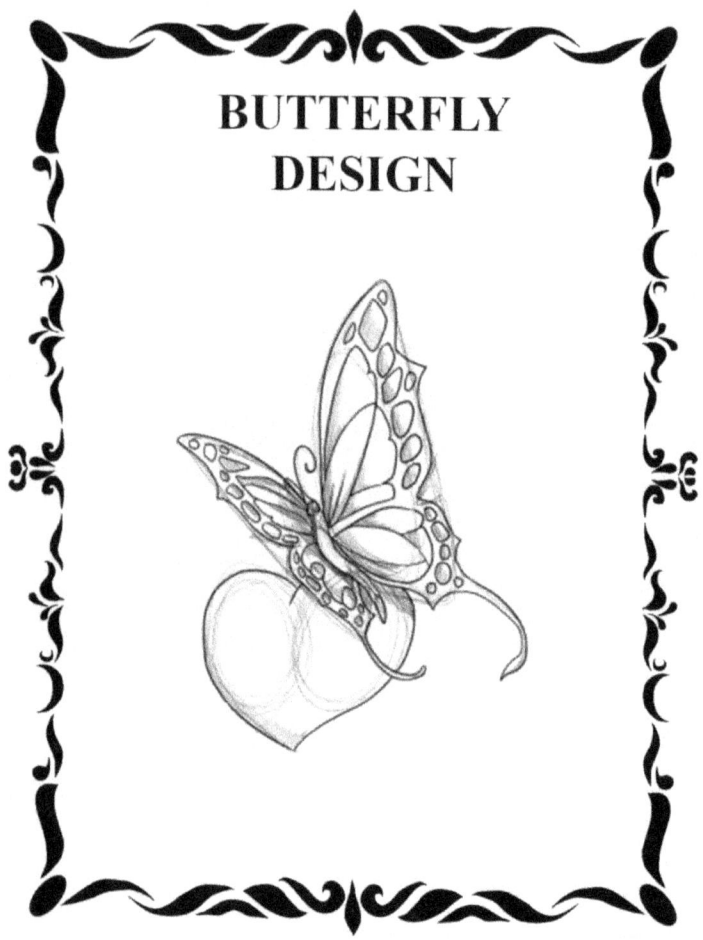

STEP 1

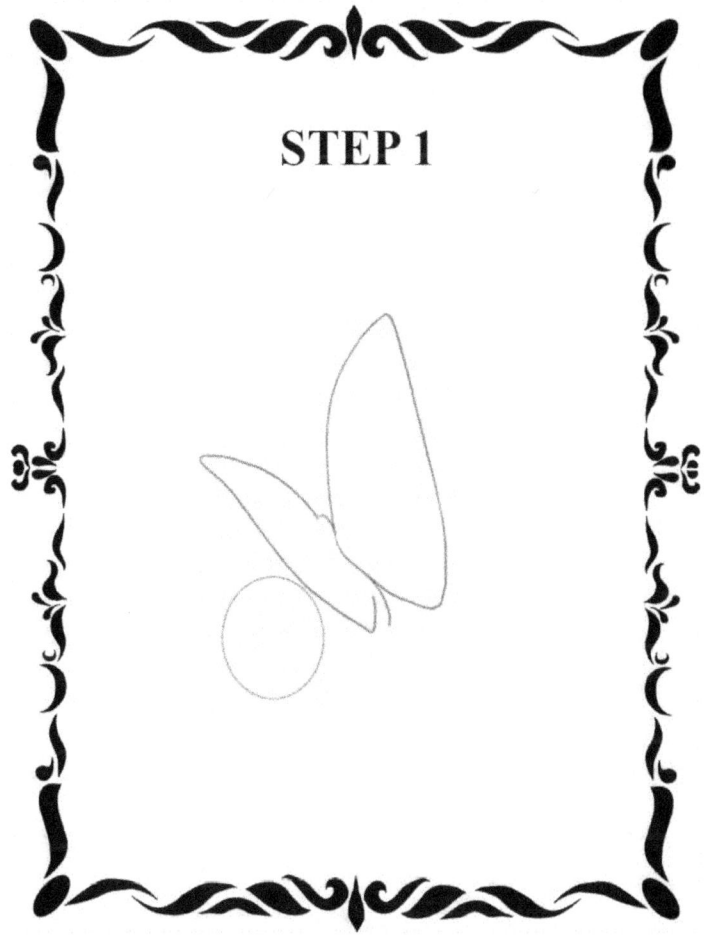

STEP 2

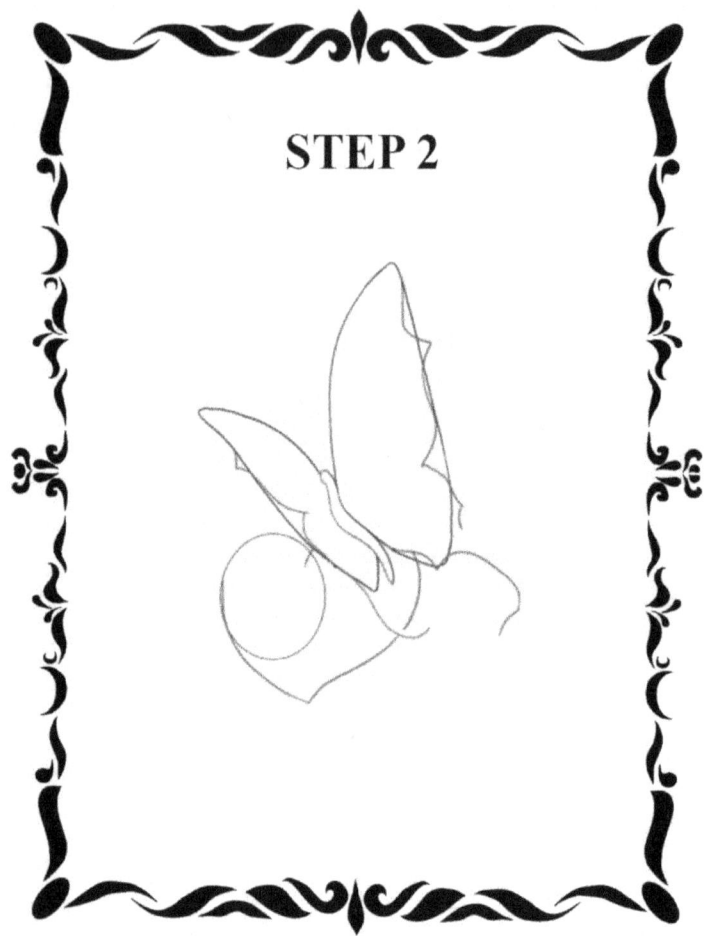

STEP 3

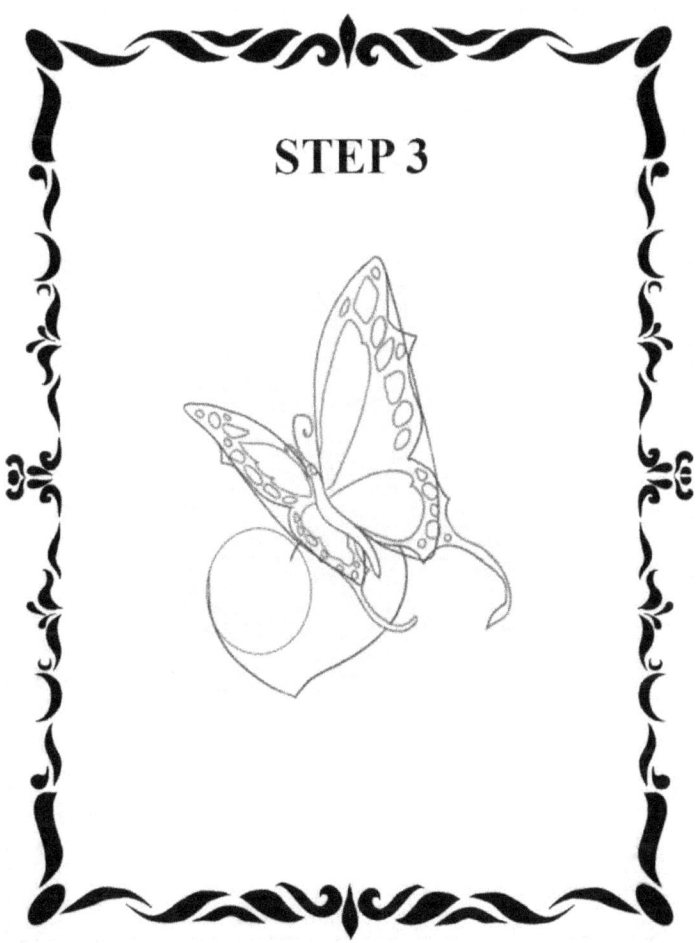

STEP 4

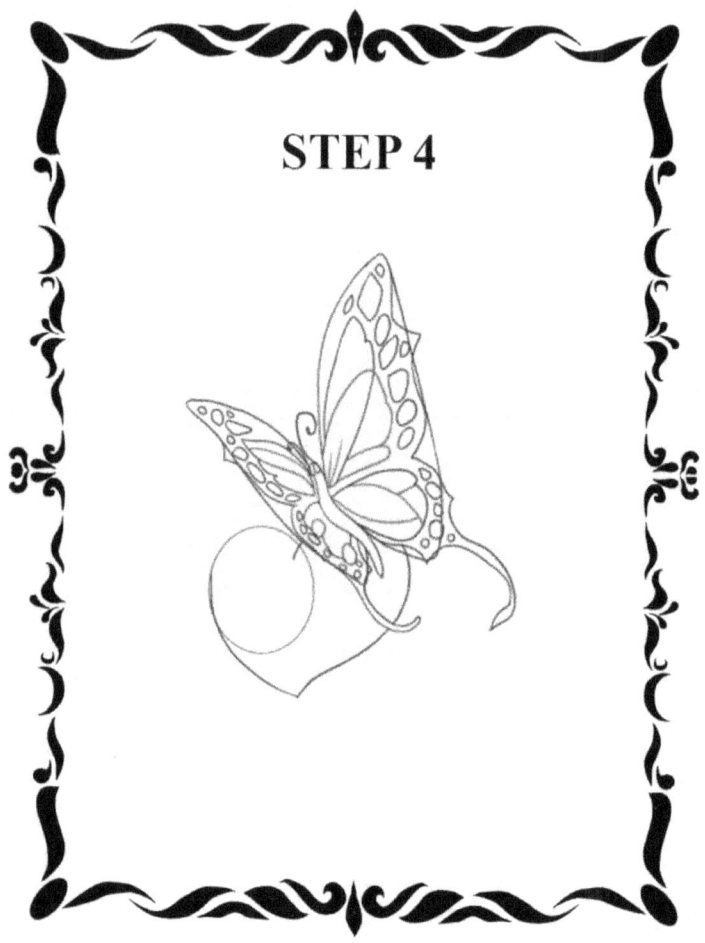

STEP 5

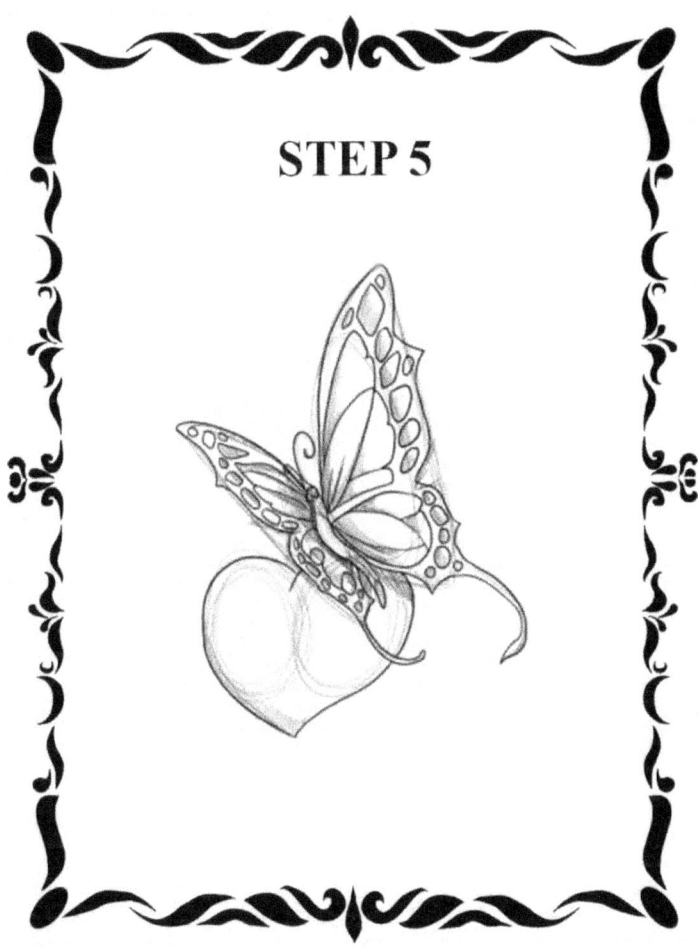

BUTTERFLY EYES

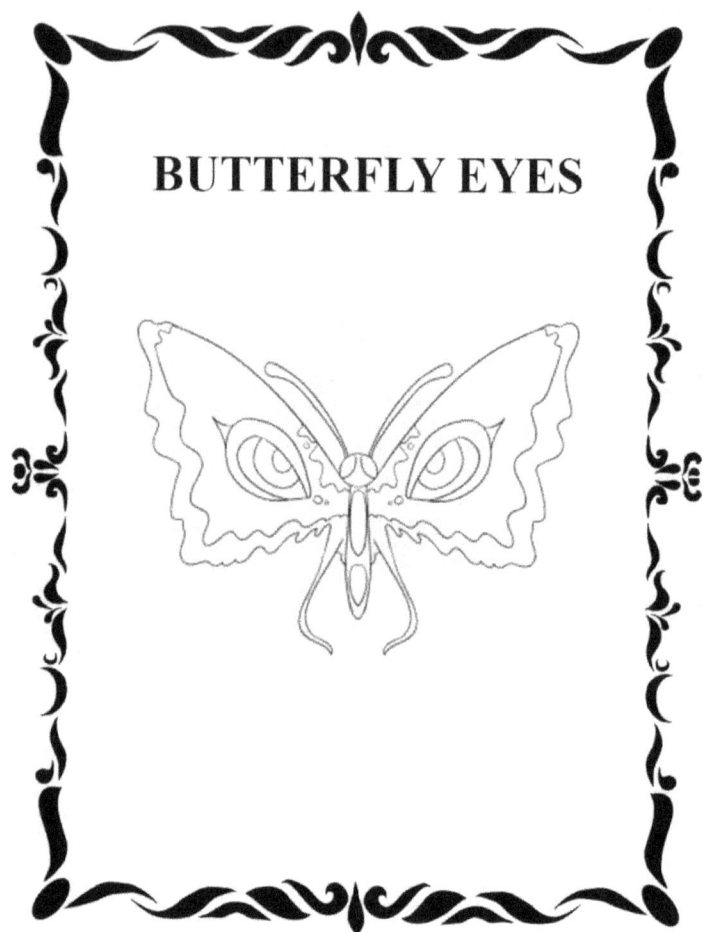

STEP 1

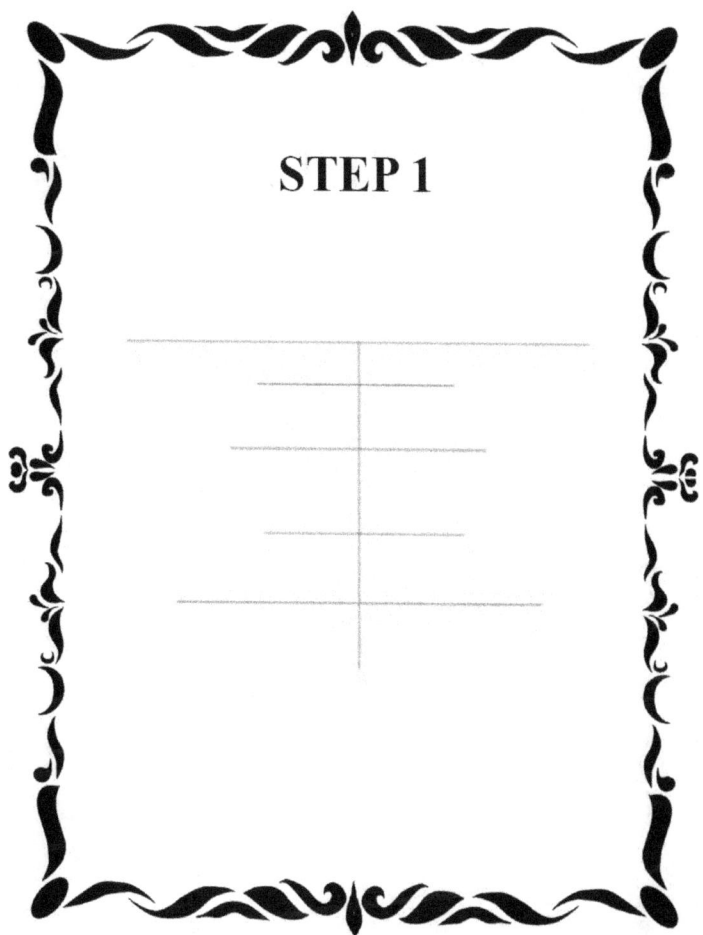

STEP 2

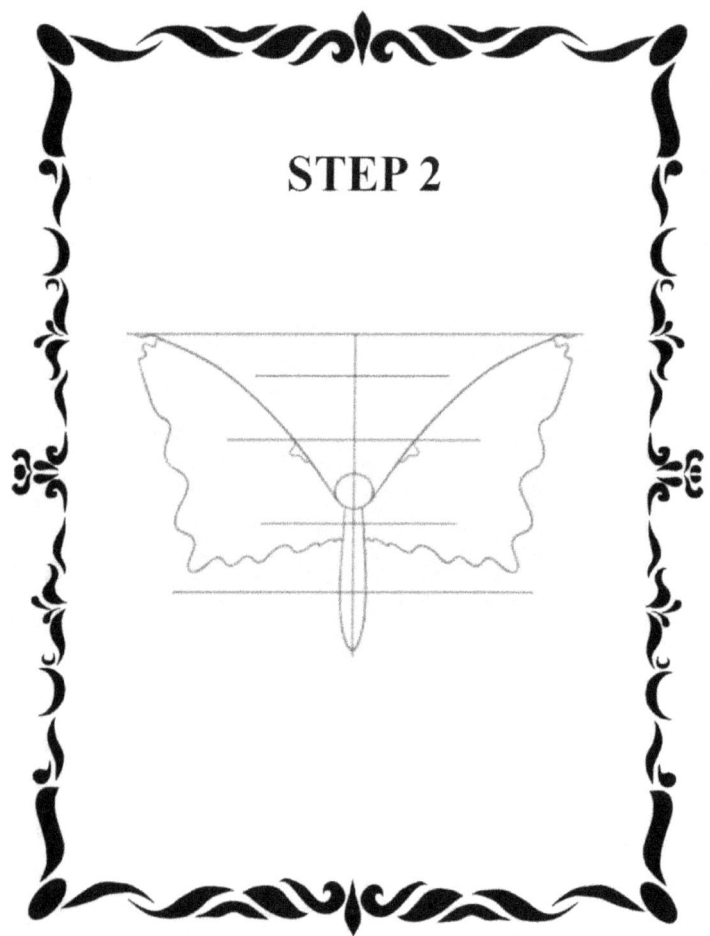

STEP 3

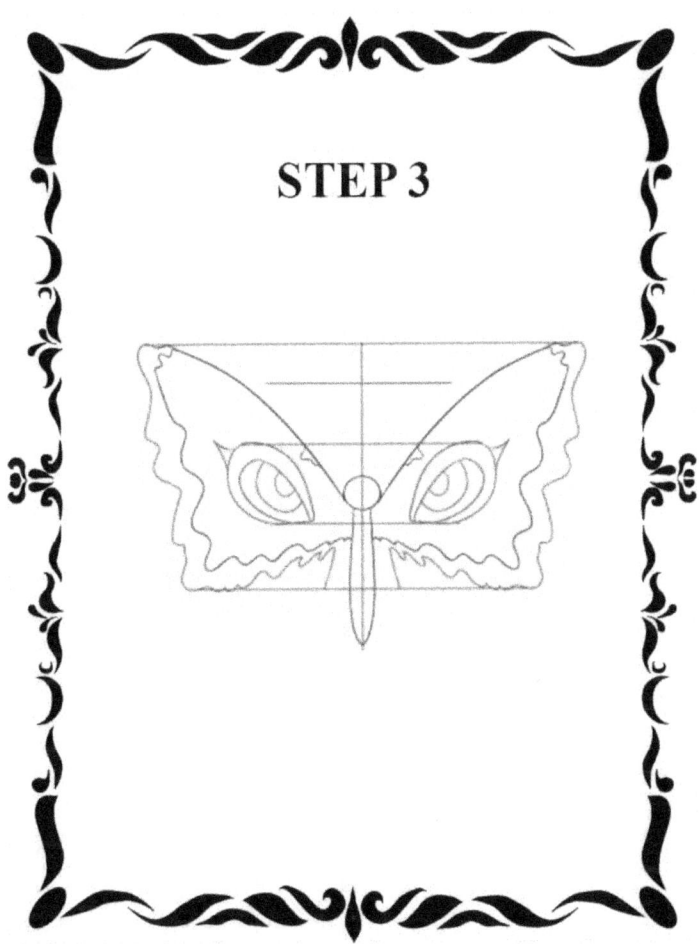

STEP 4

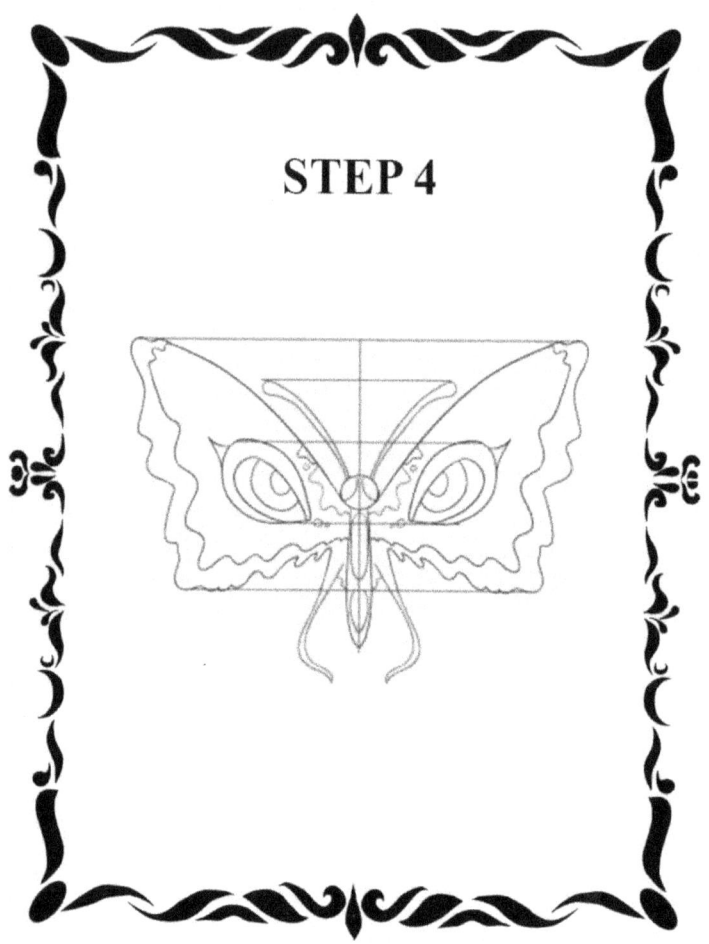

STEP 5

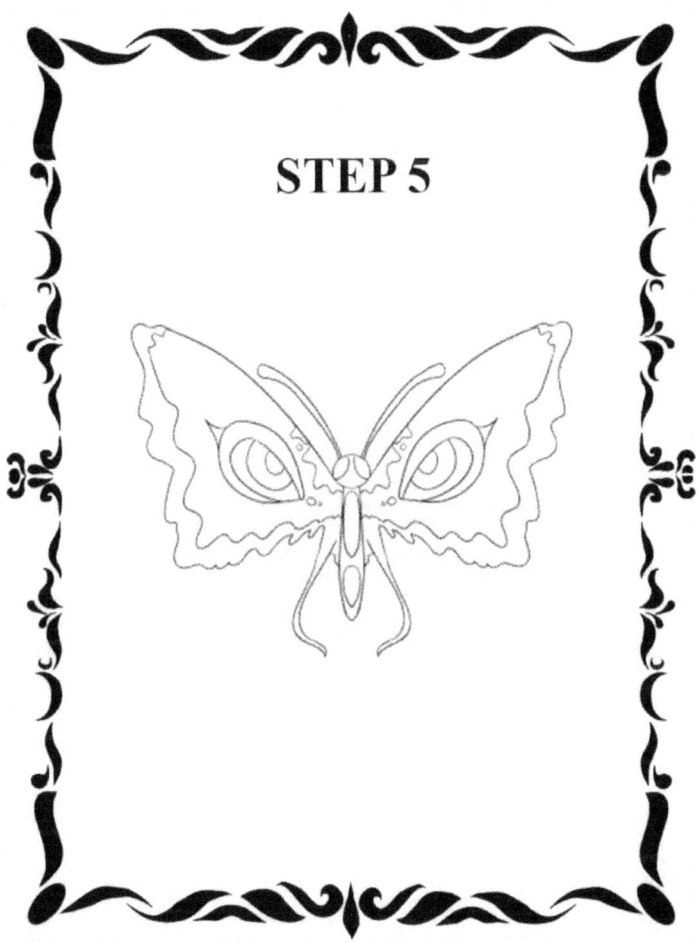

BUTTERFLY

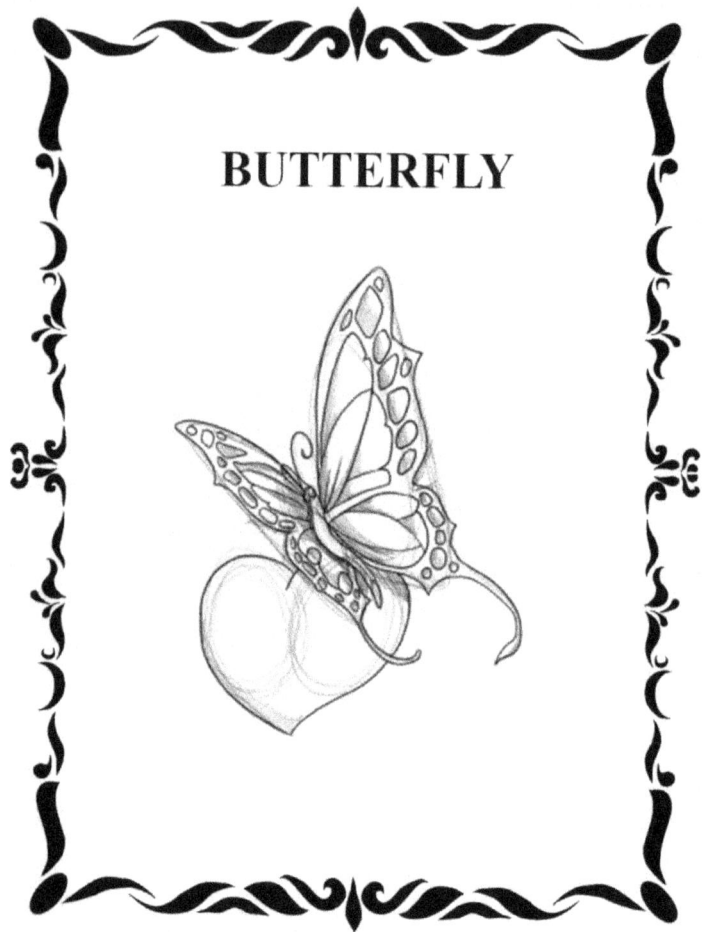

STEP 1

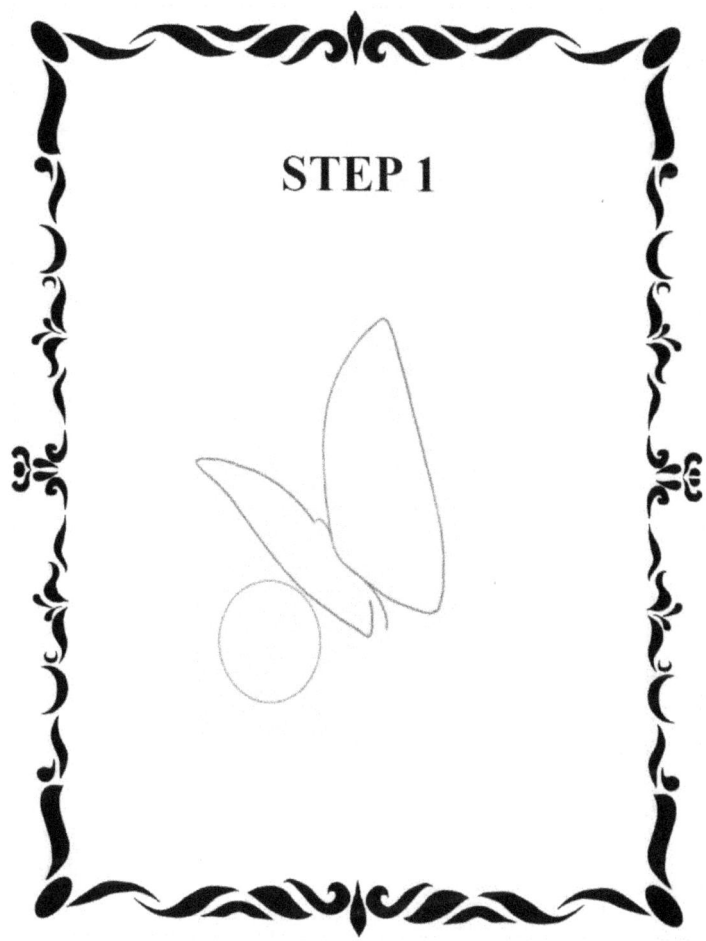

STEP 2

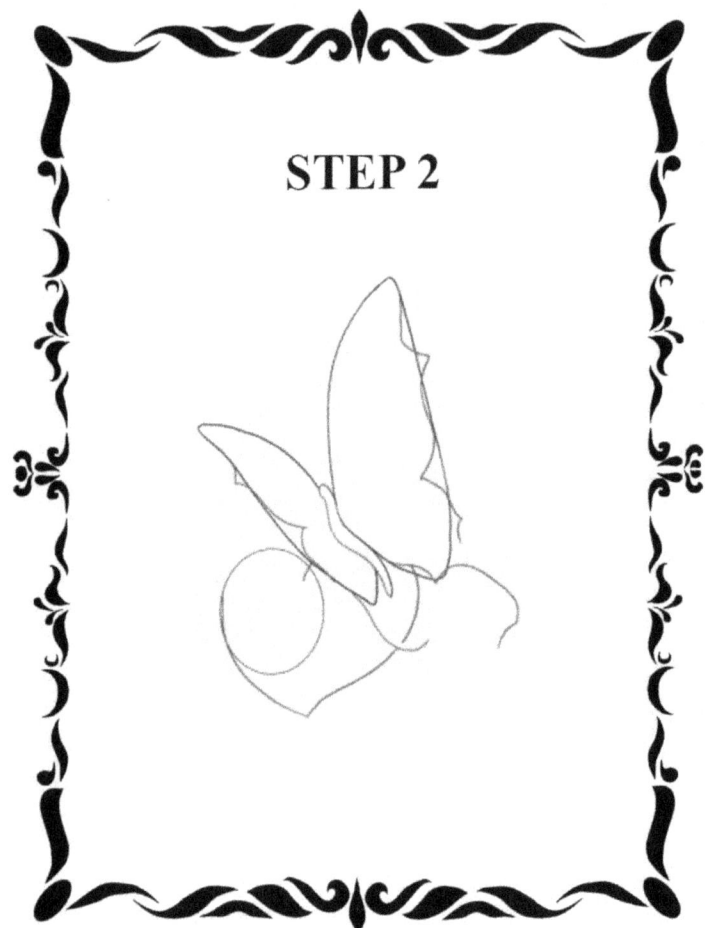

STEP 3

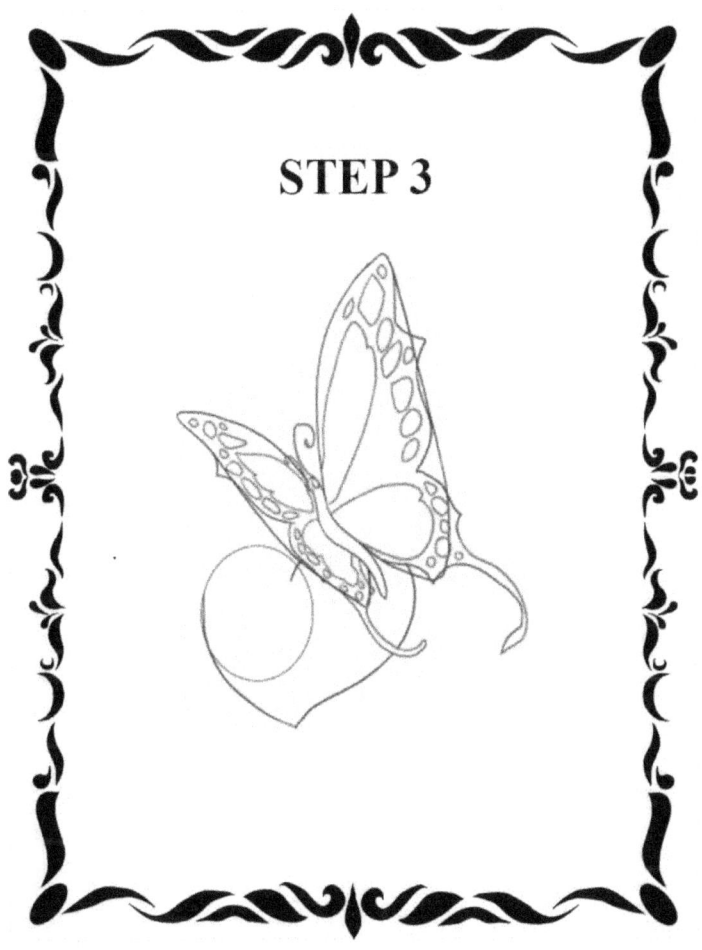

STEP 4

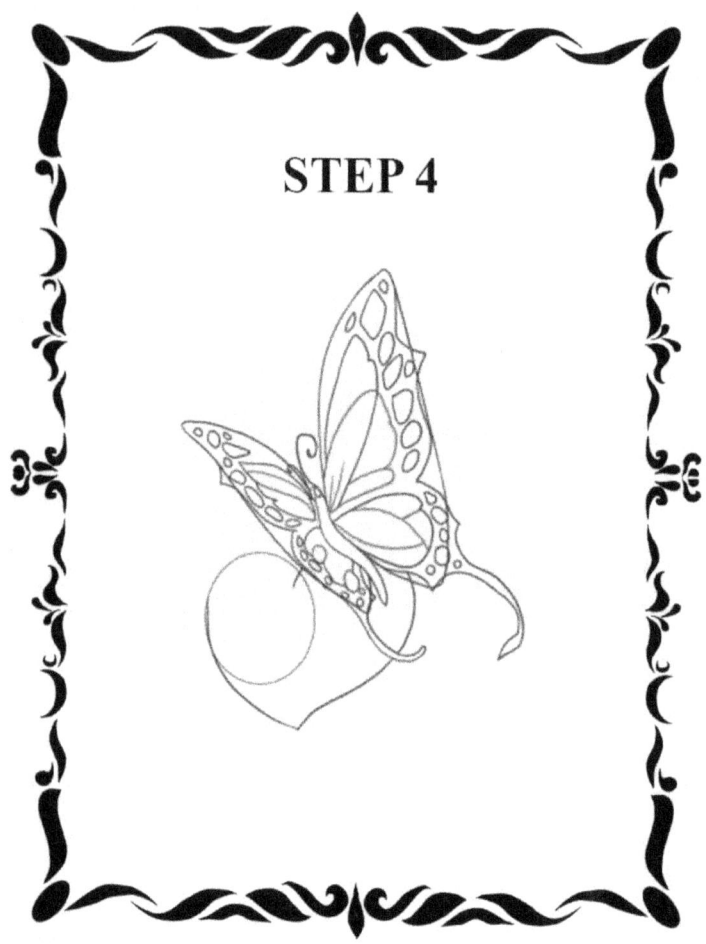

STEP 5

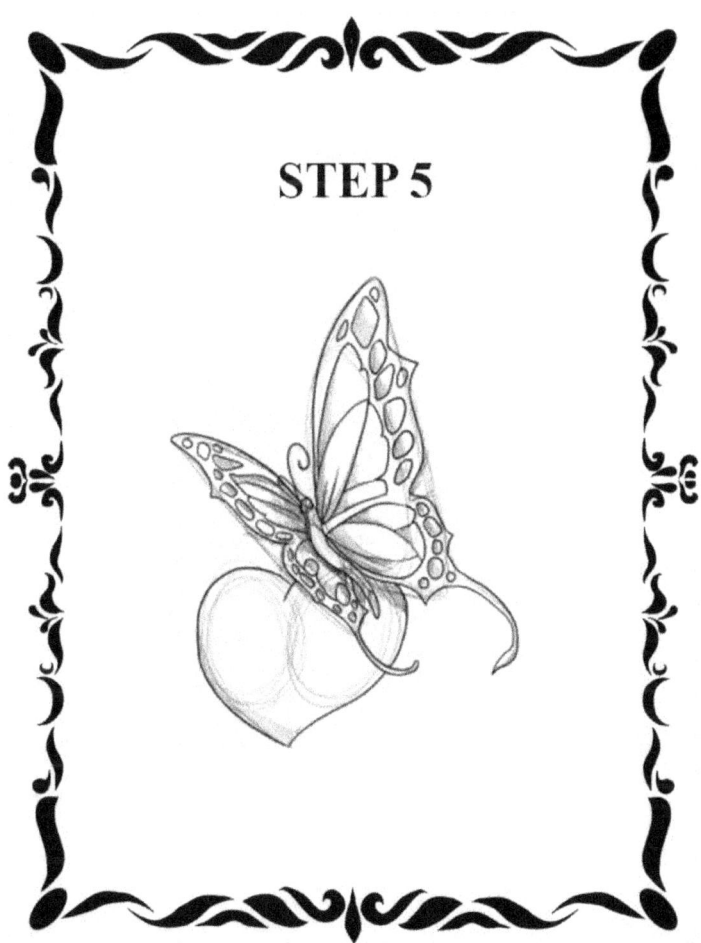

CARTOON BUTTERFLY

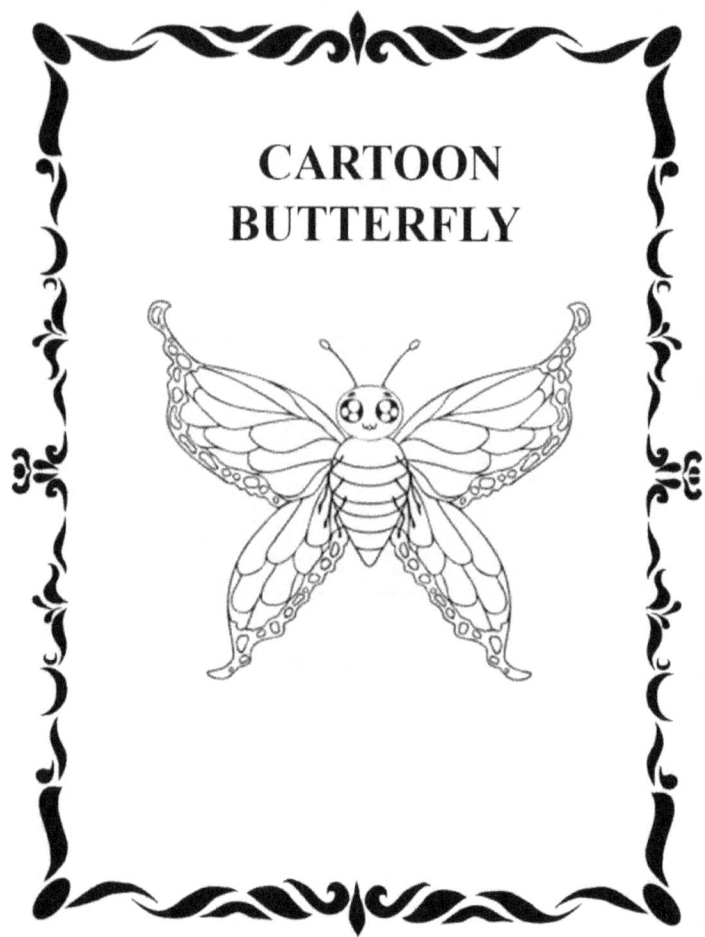

STEP 1

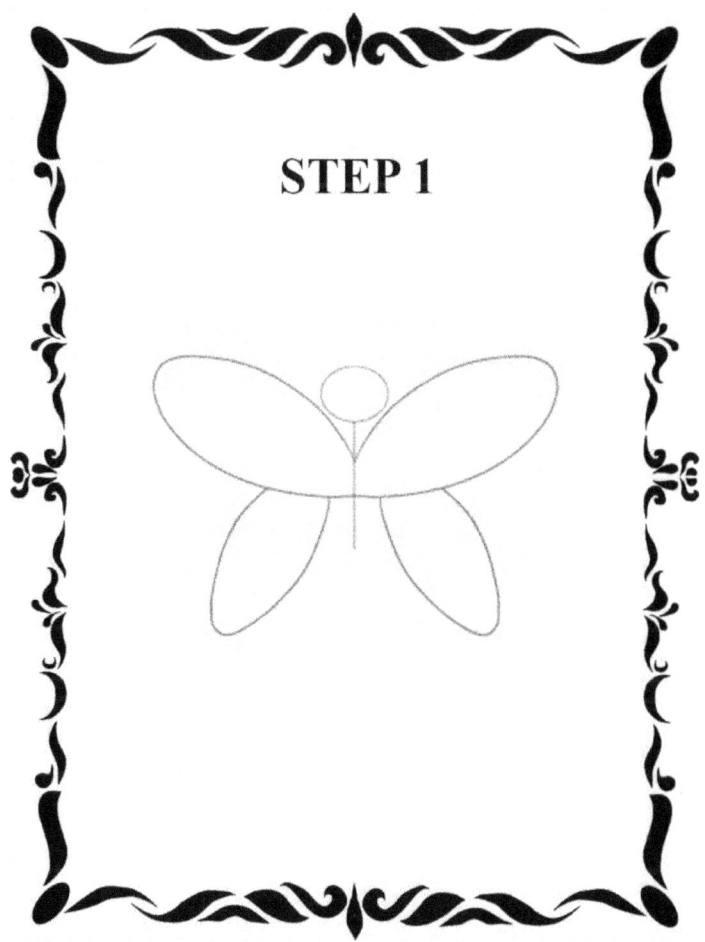

STEP 2

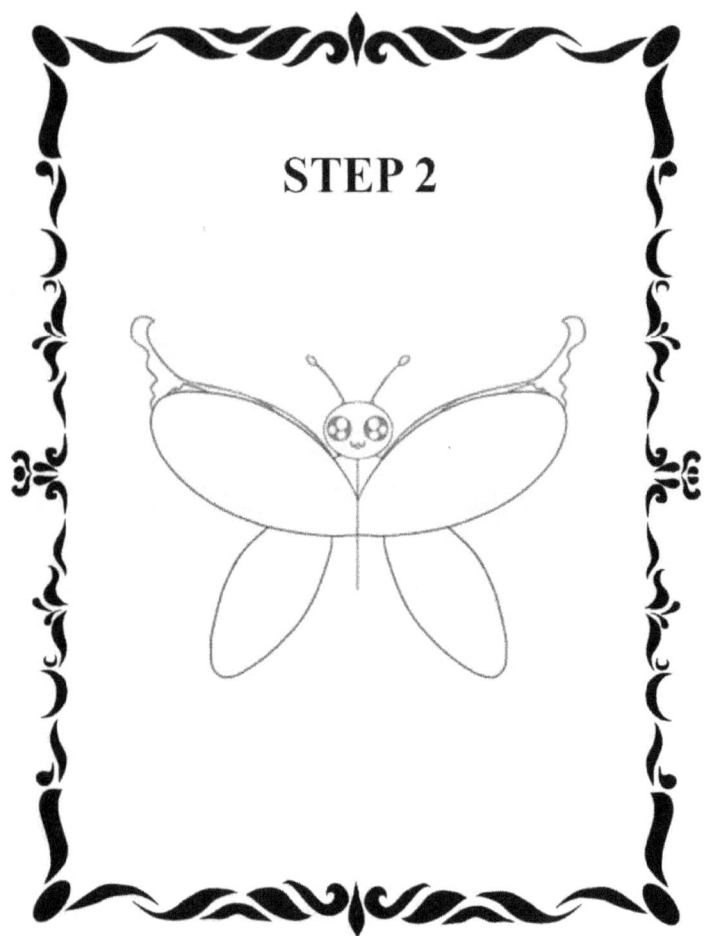

STEP 3

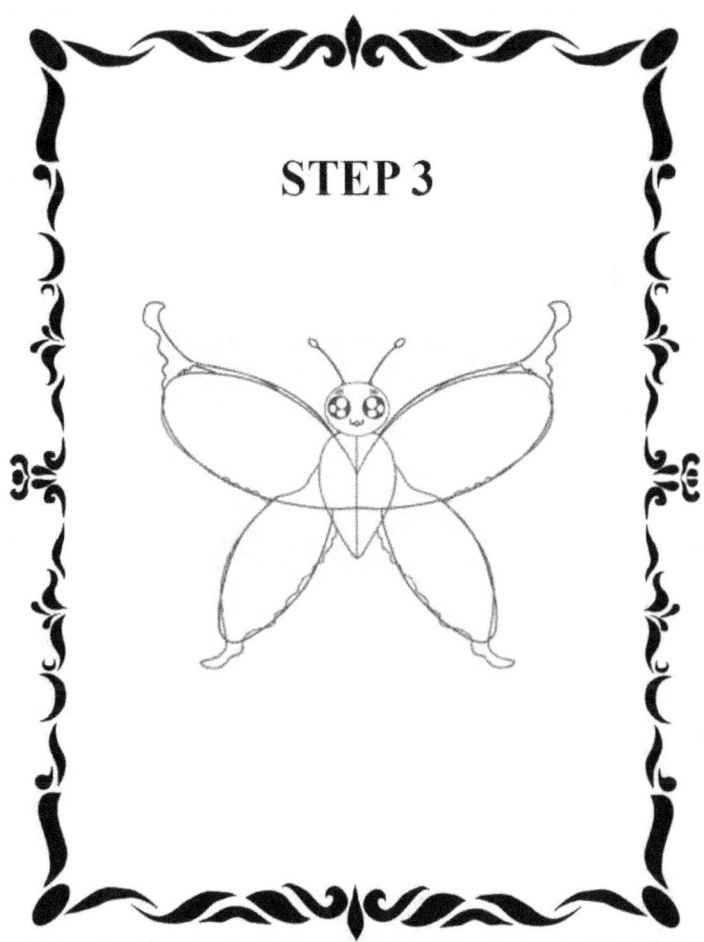

STEP 4

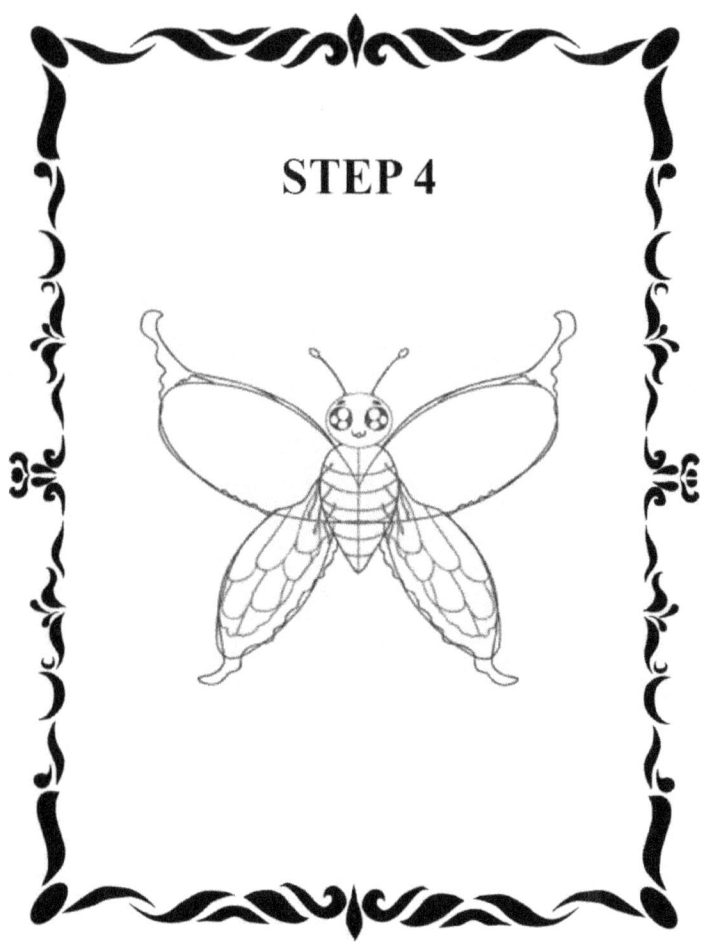

STEP 5

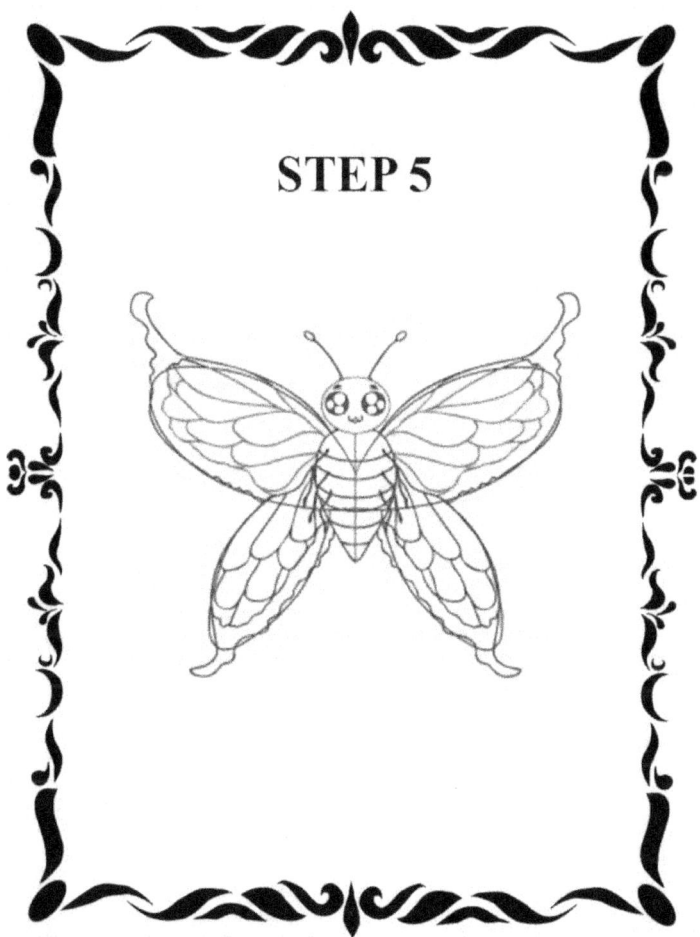

STEP 6

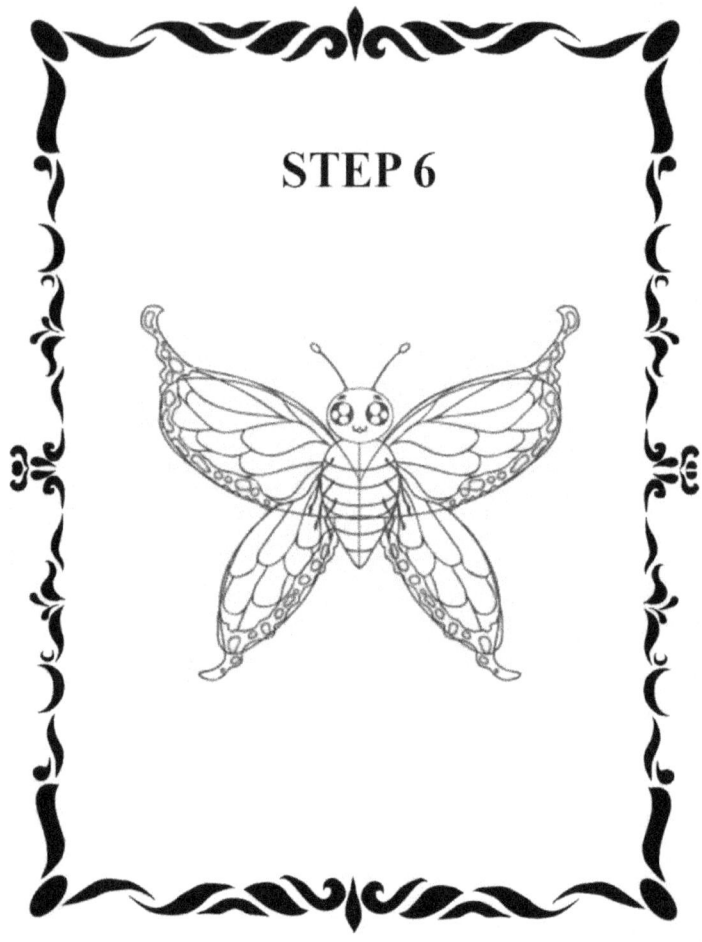

STEP 7

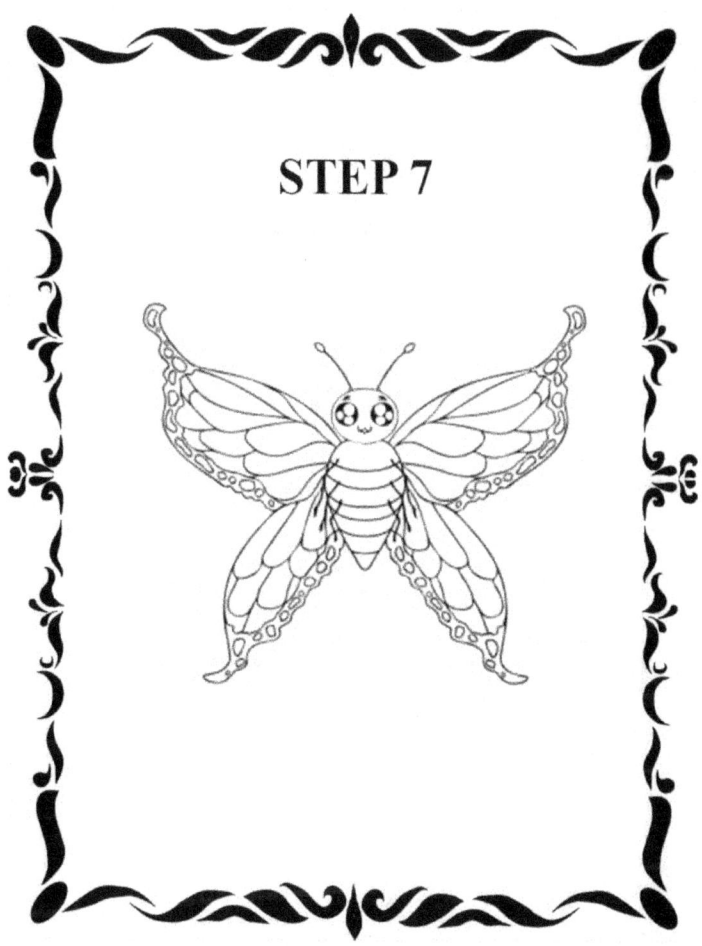

EASY
BUTTERFLY

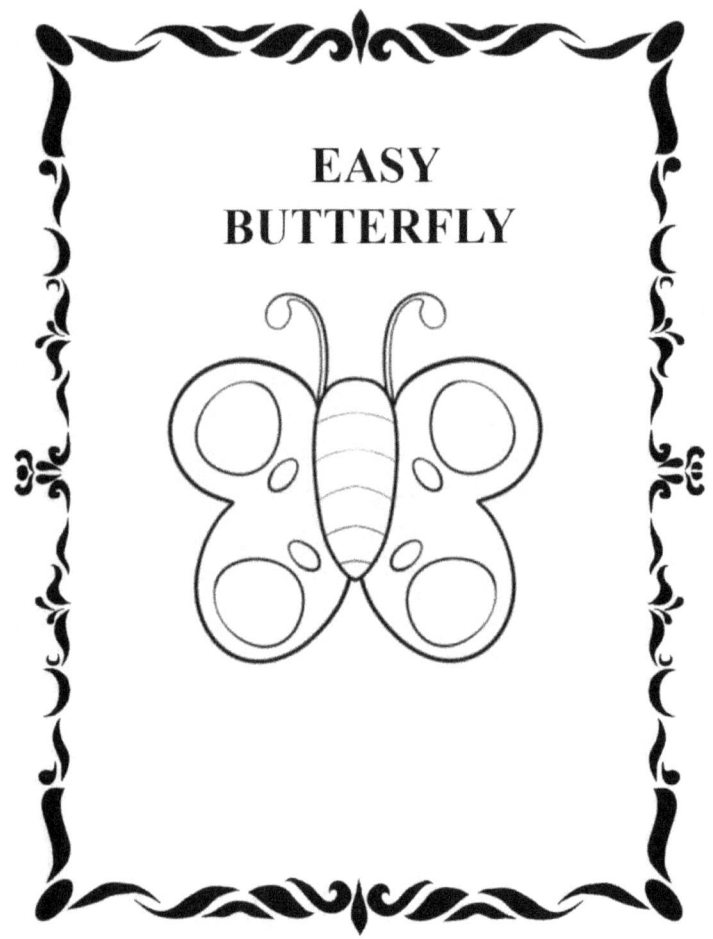

STEP 1

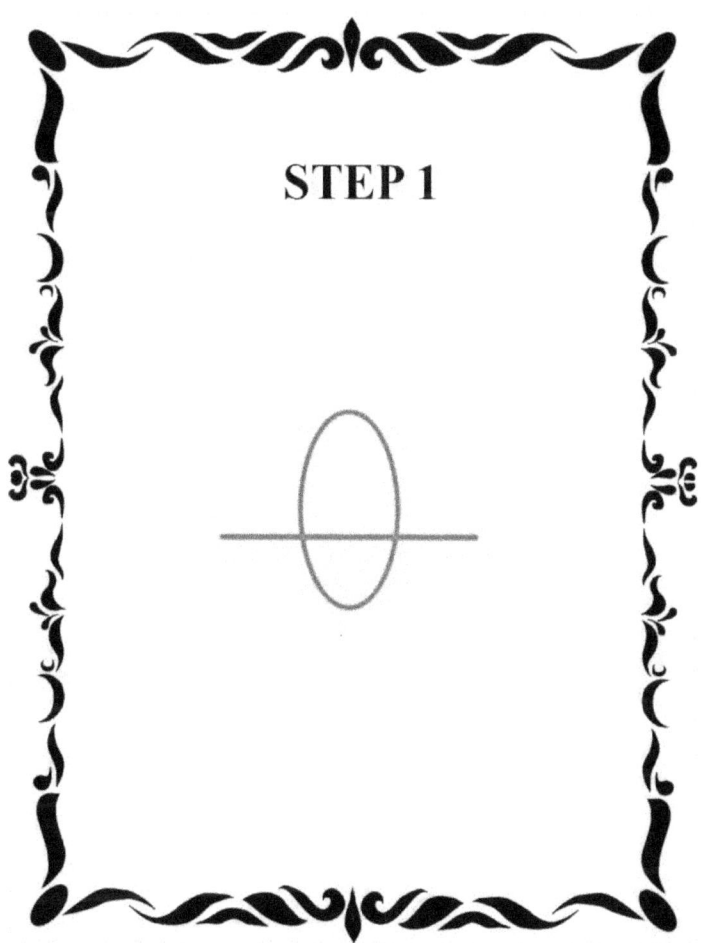

STEP 2

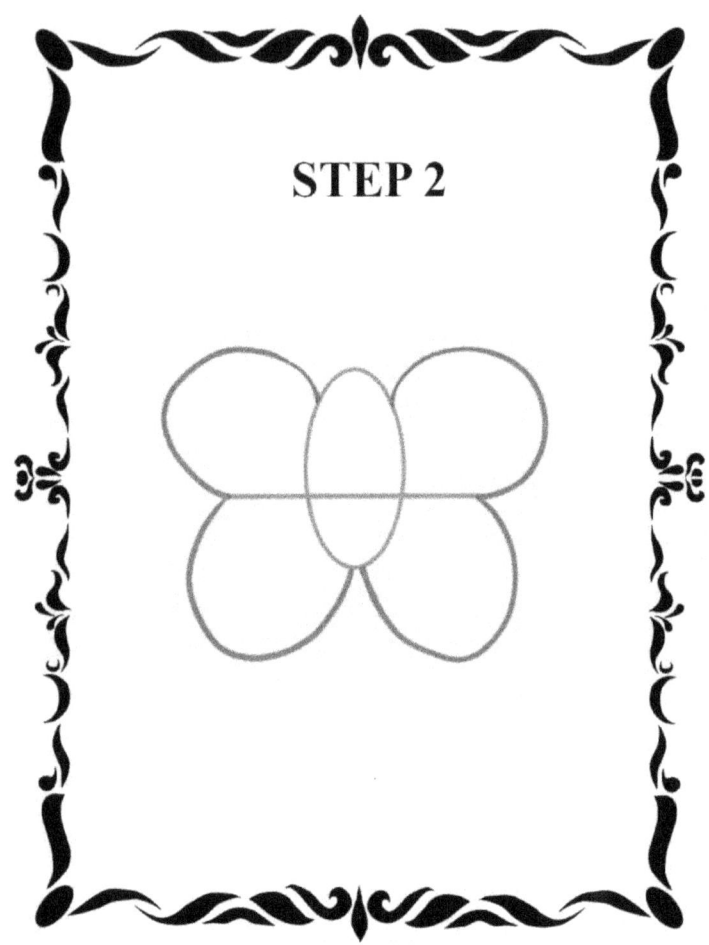

STEP 3

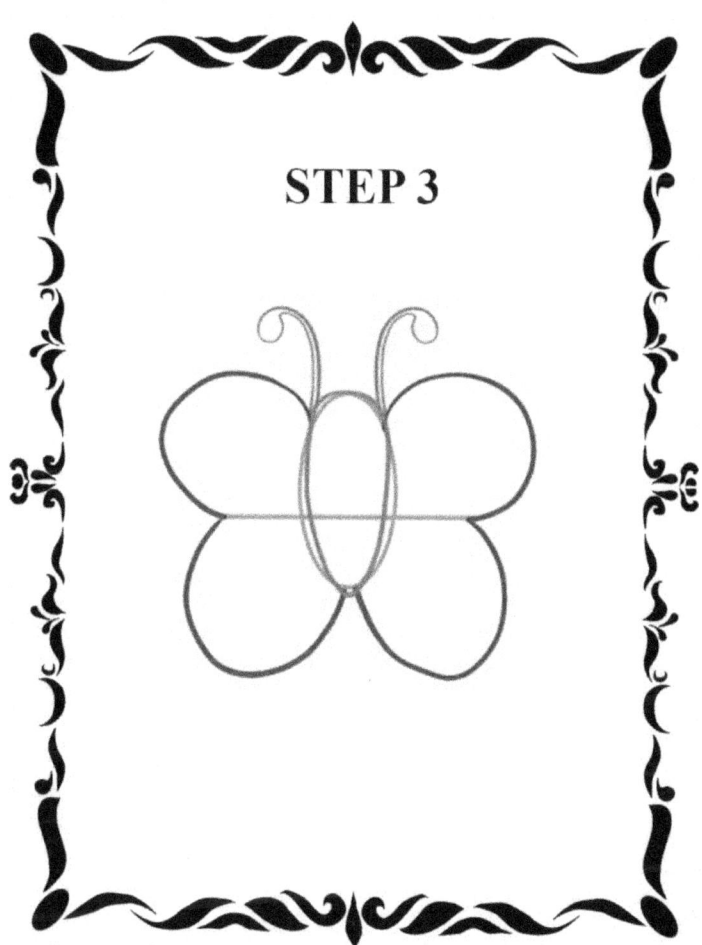

STEP 4

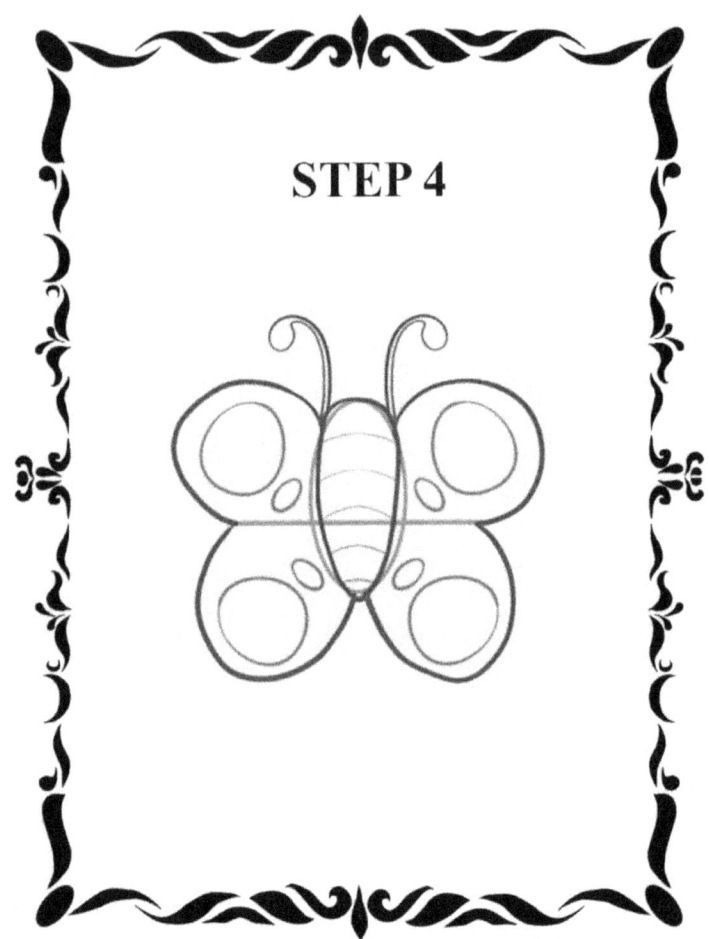

STEP 5

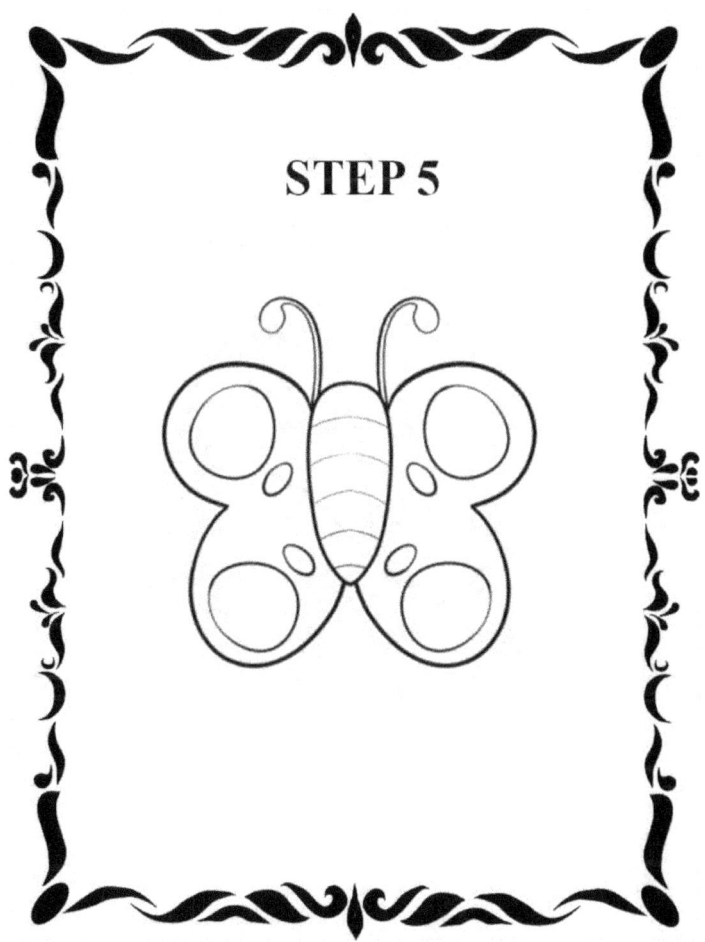

FLOWER
BUTTERFLY

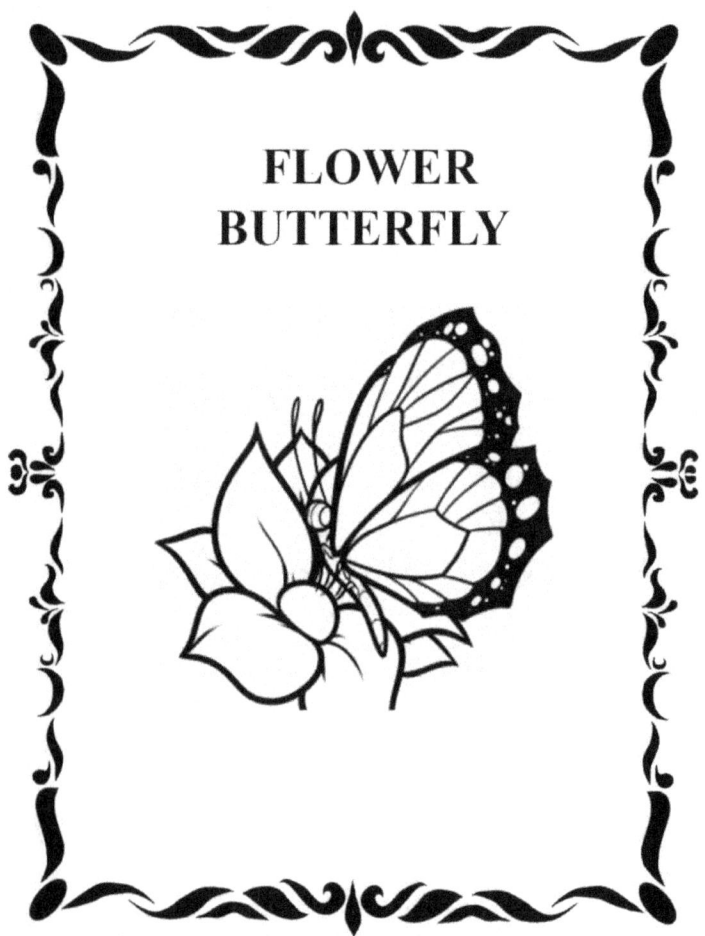

STEP 1

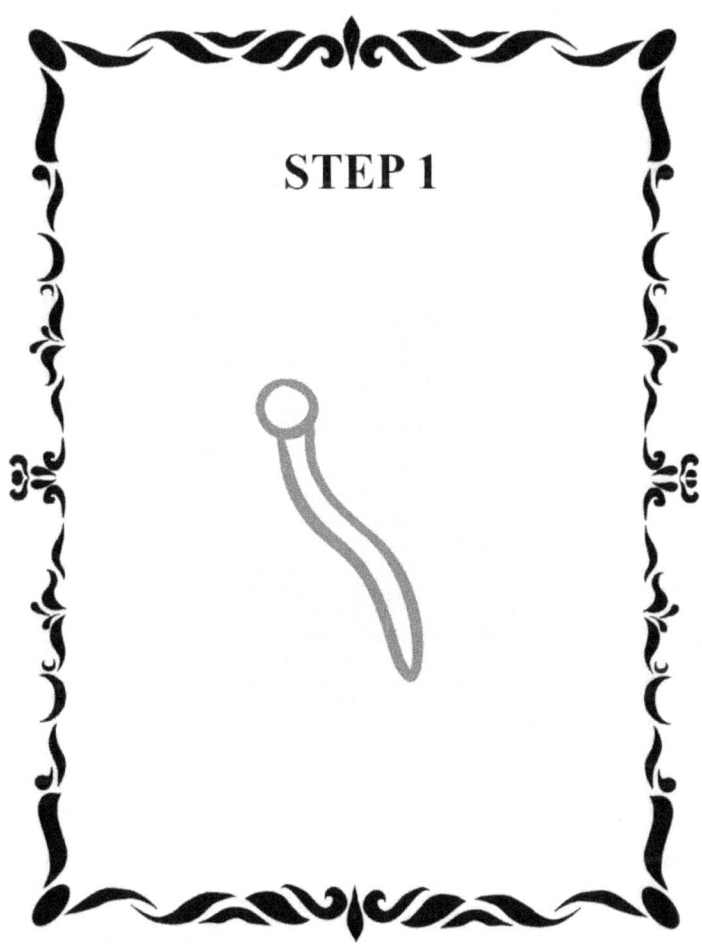

STEP 2

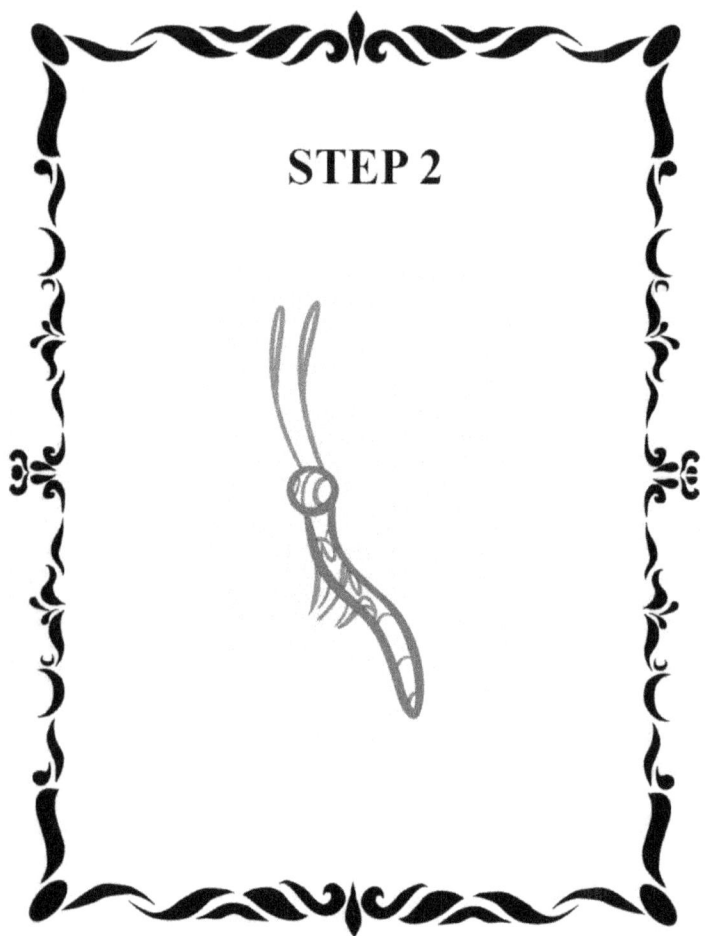

STEP 3

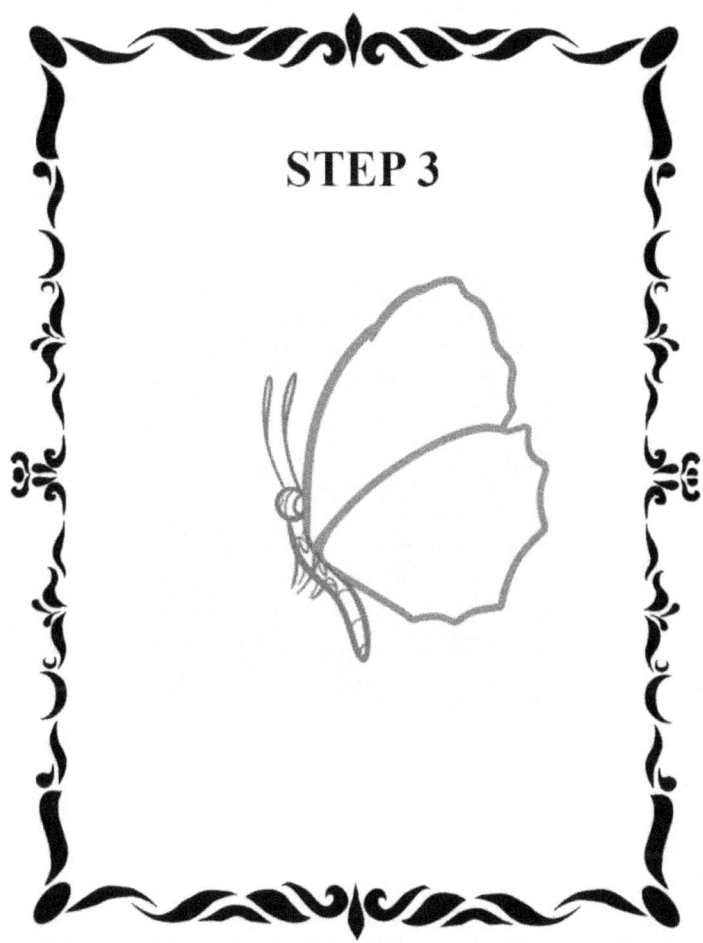

46

STEP 4

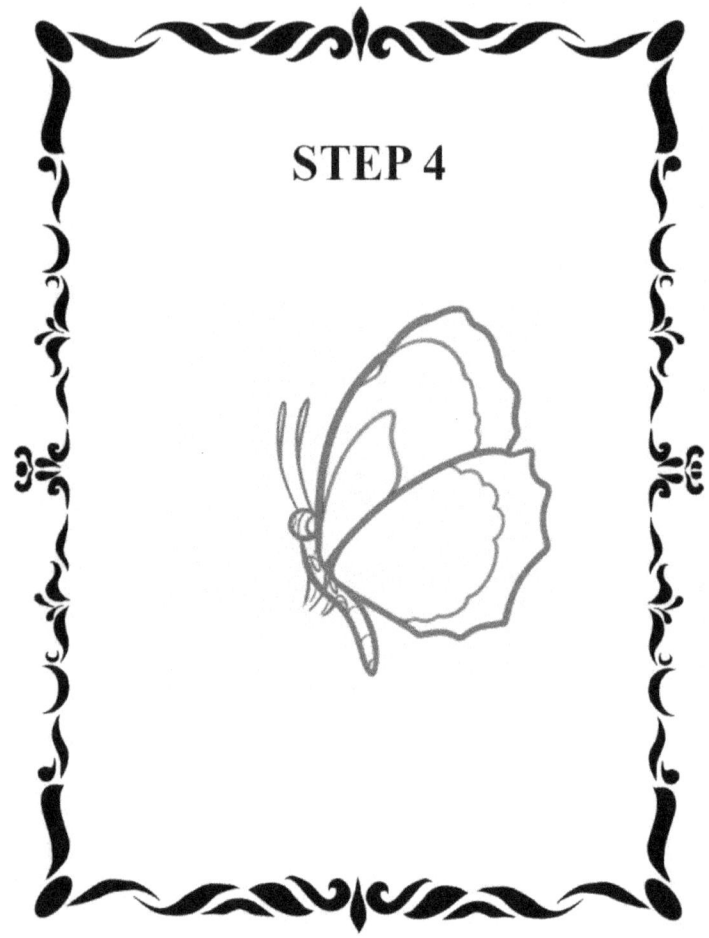

STEP 5

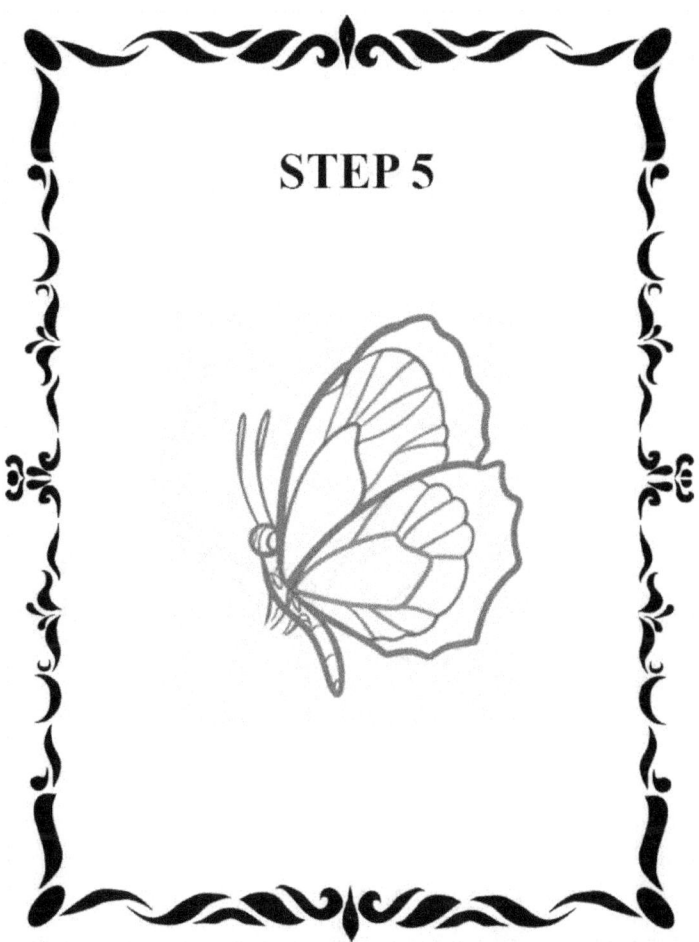

STEP 6

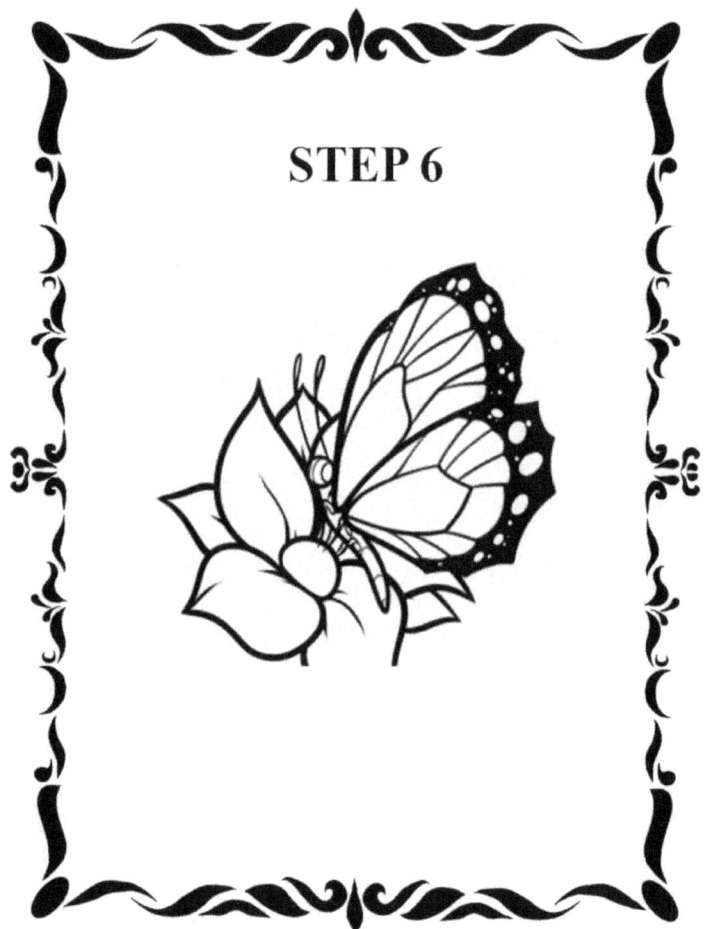

SIMPLE
BUTTERFLY

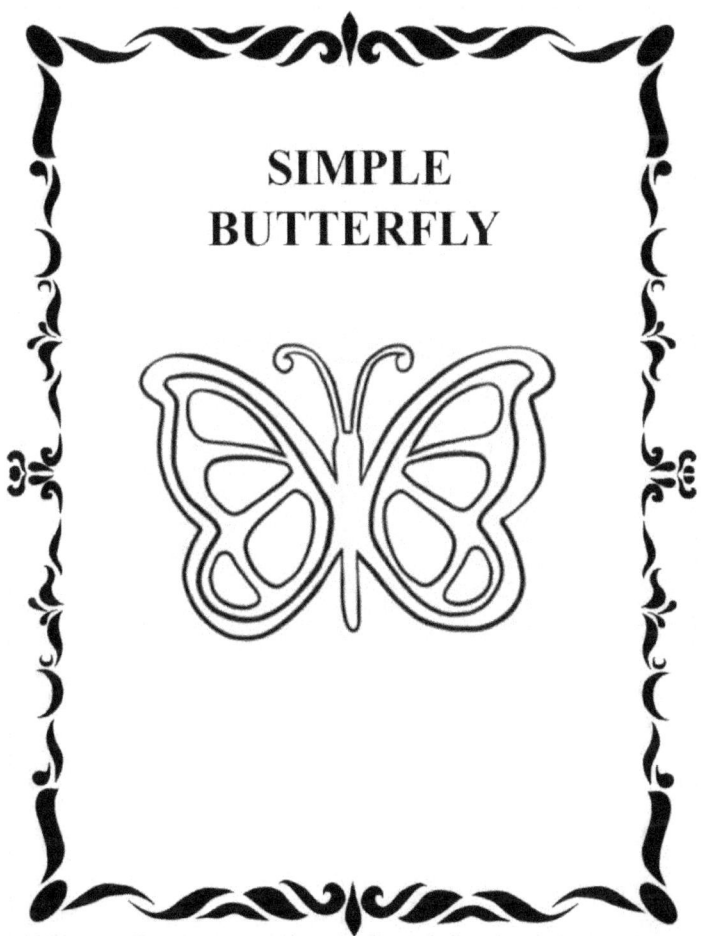

STEP 1

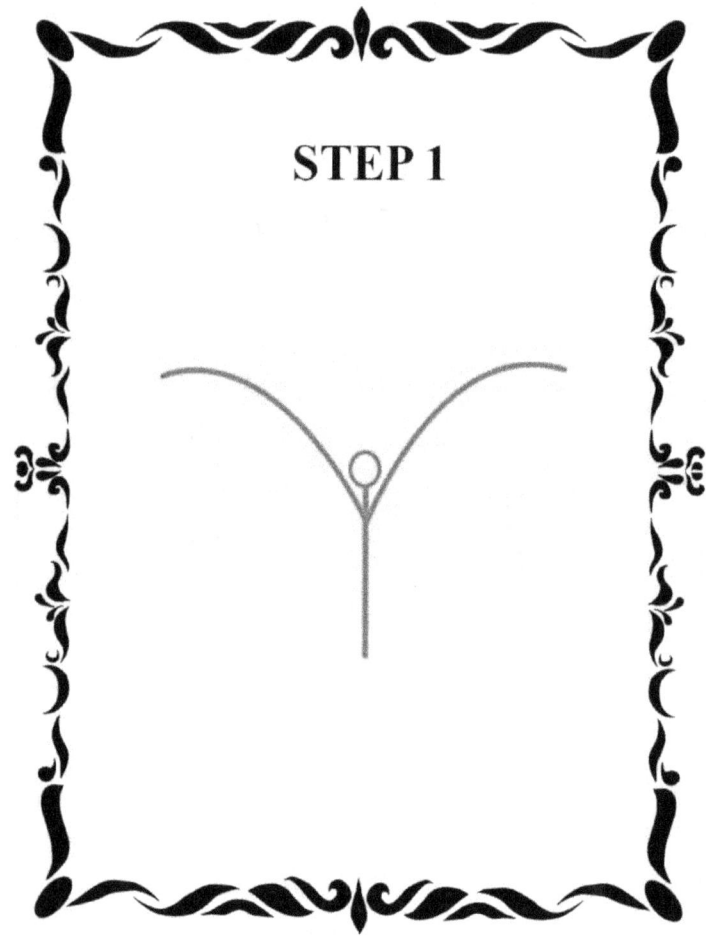

STEP 2

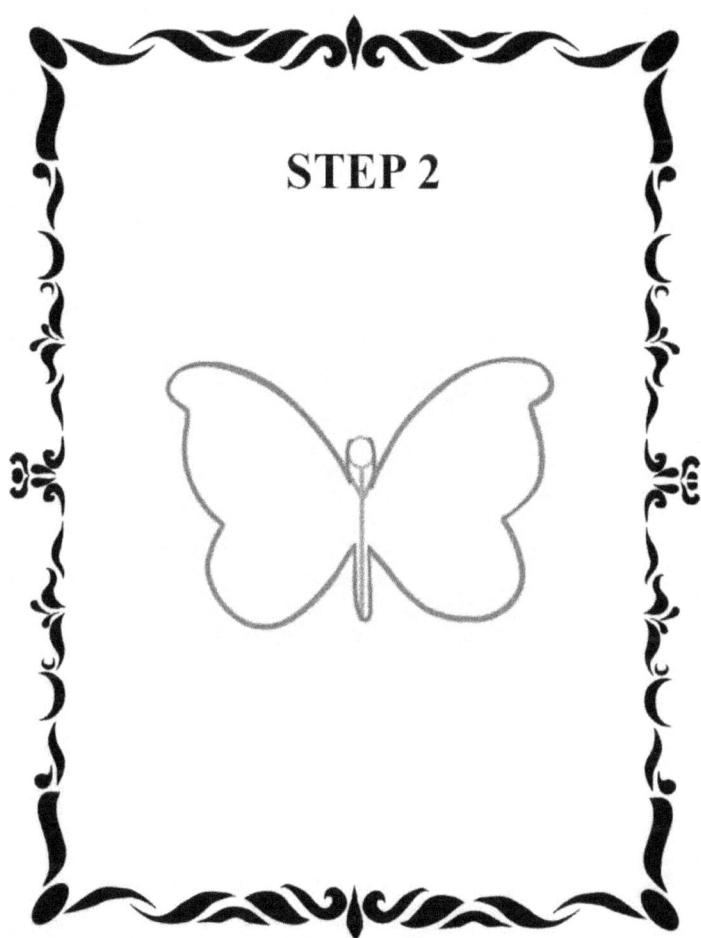

STEP 3

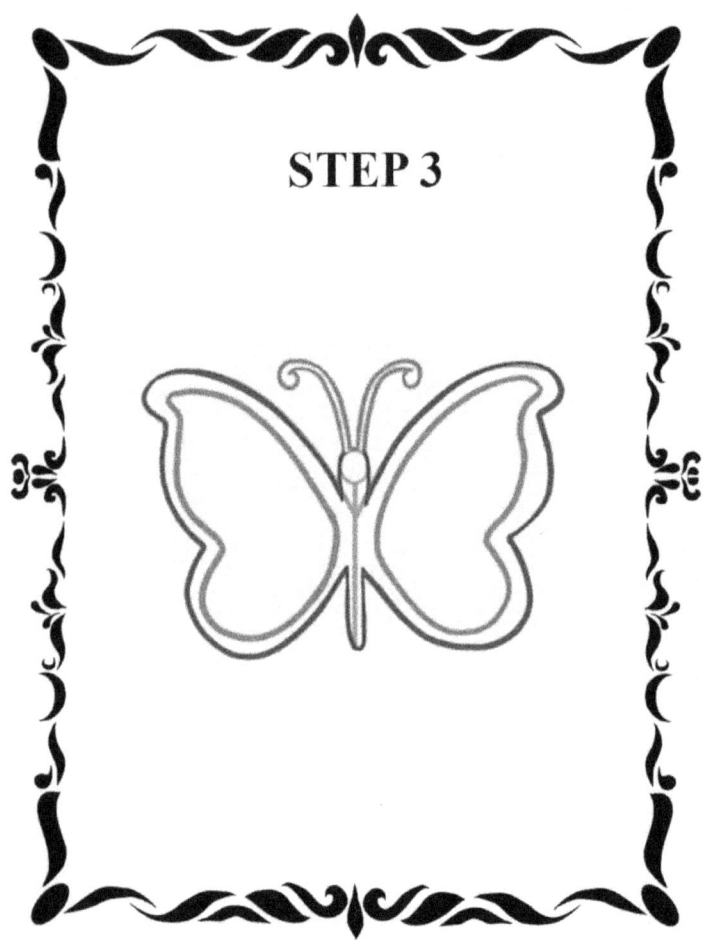

STEP 4

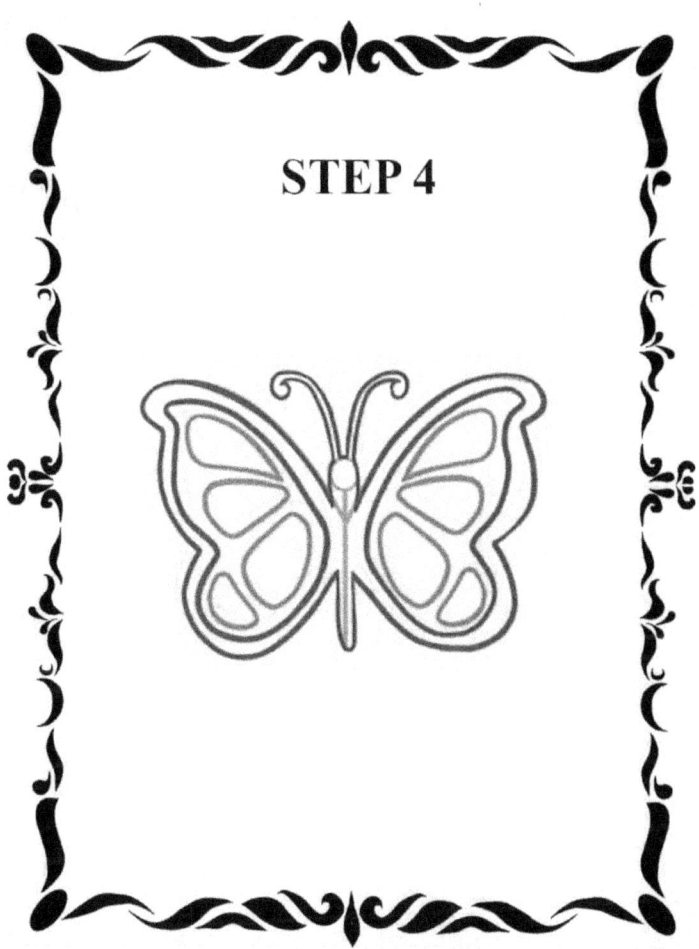

STEP 5

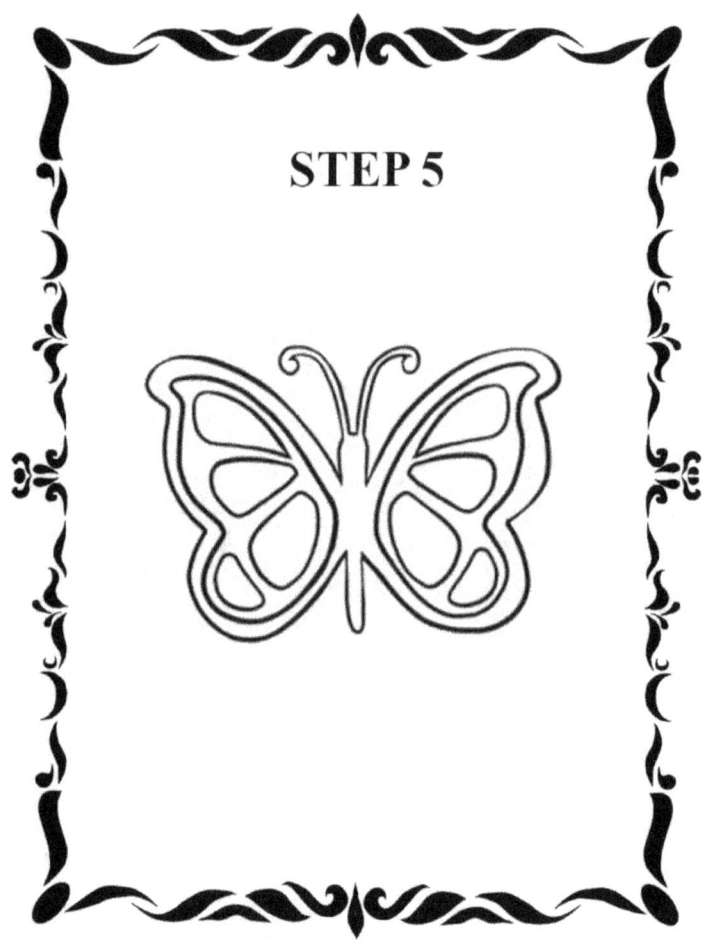

SKULL
BUTTERFLY

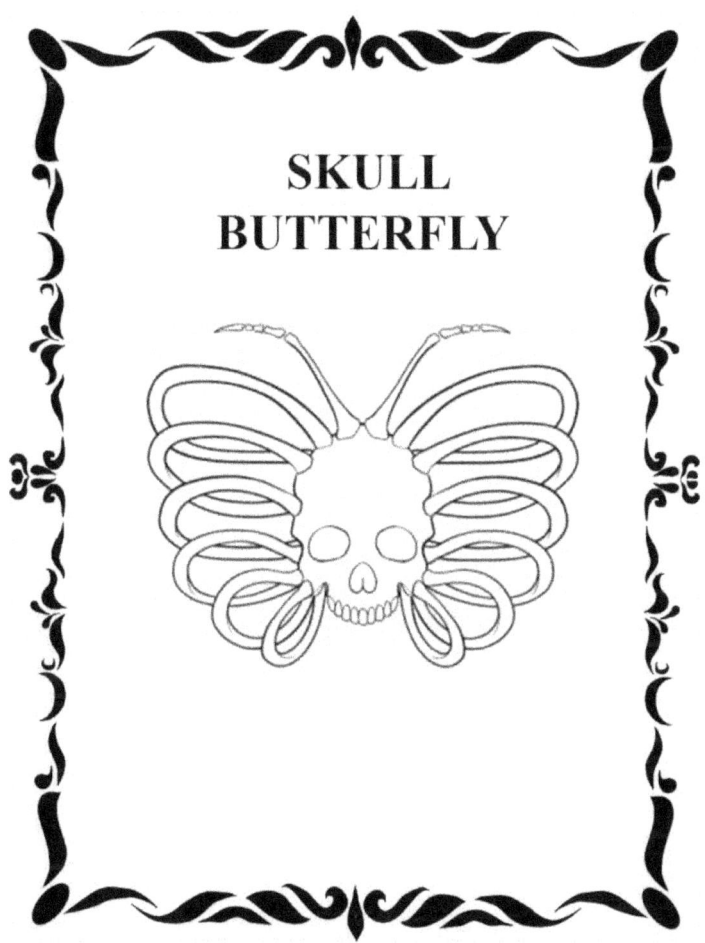

STEP 1

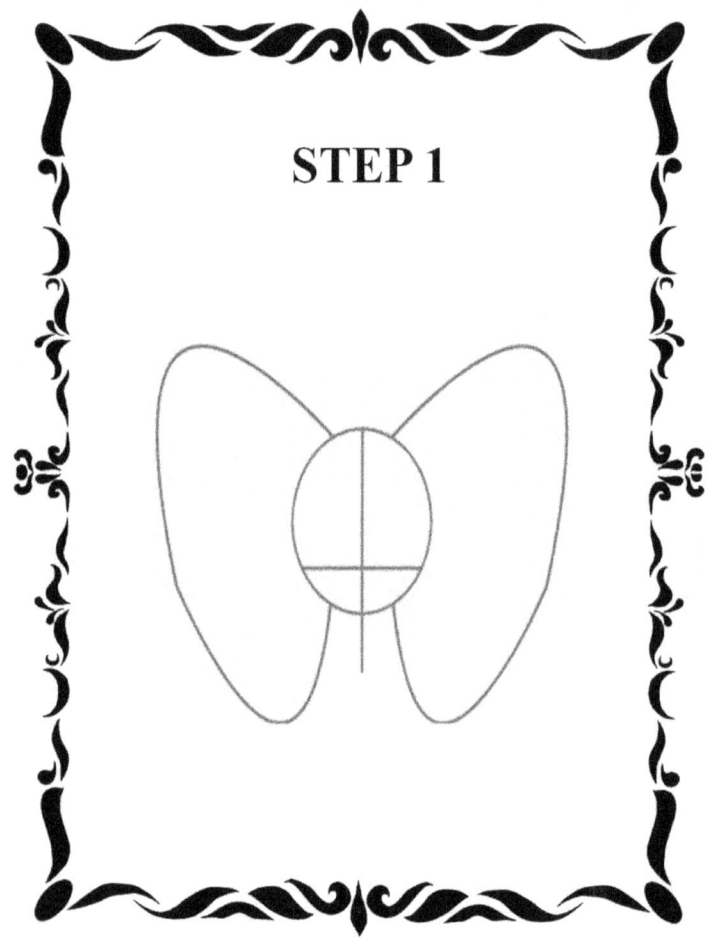

STEP 2

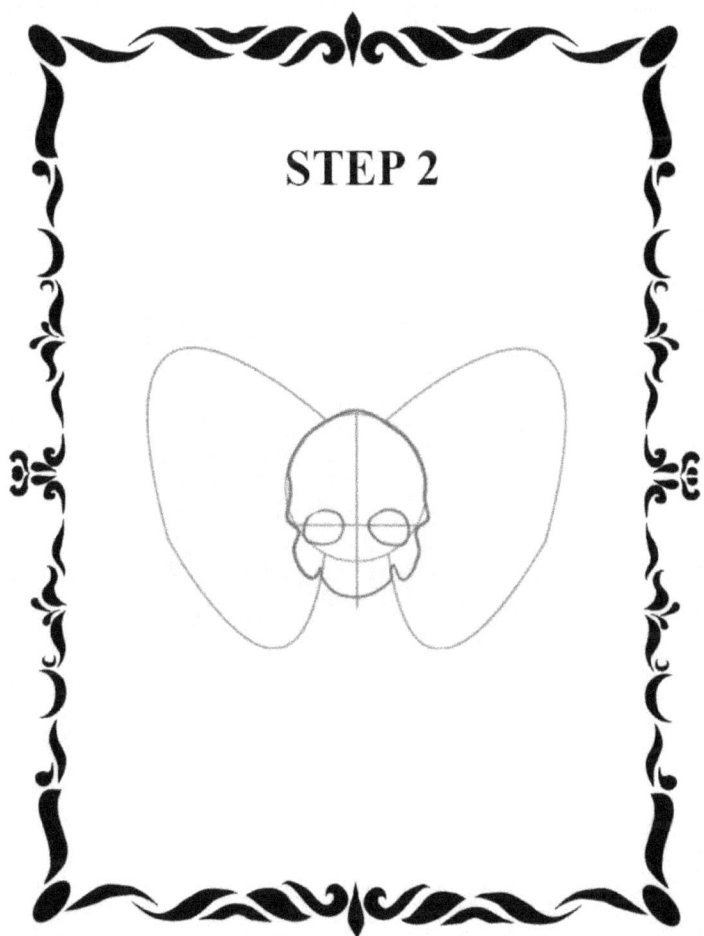

STEP 3

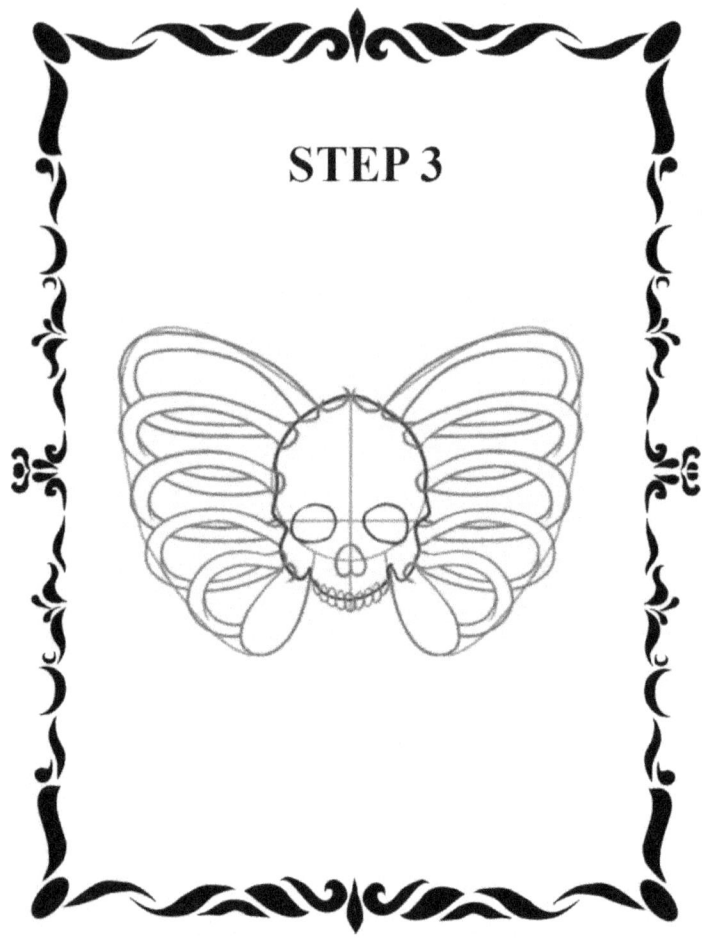

STEP 4

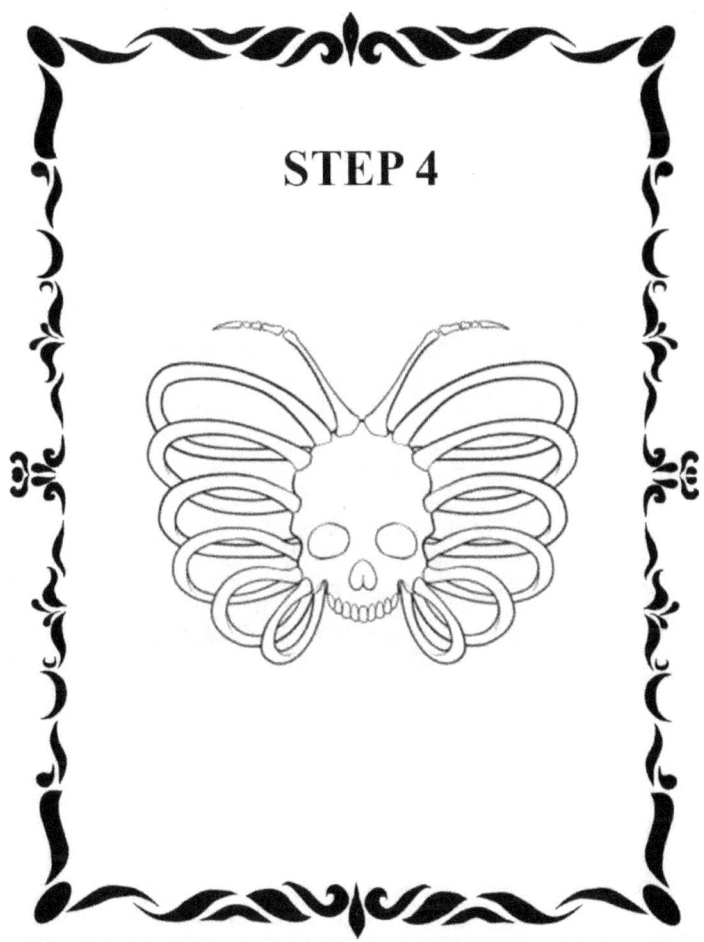

SPRING
BUTTERFLY

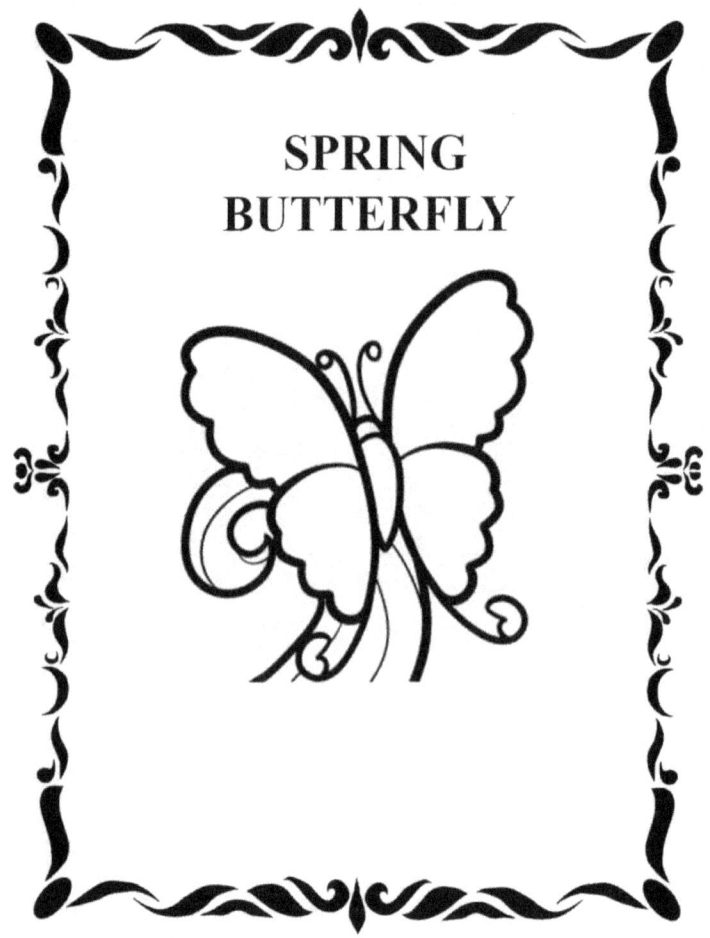

STEP 1

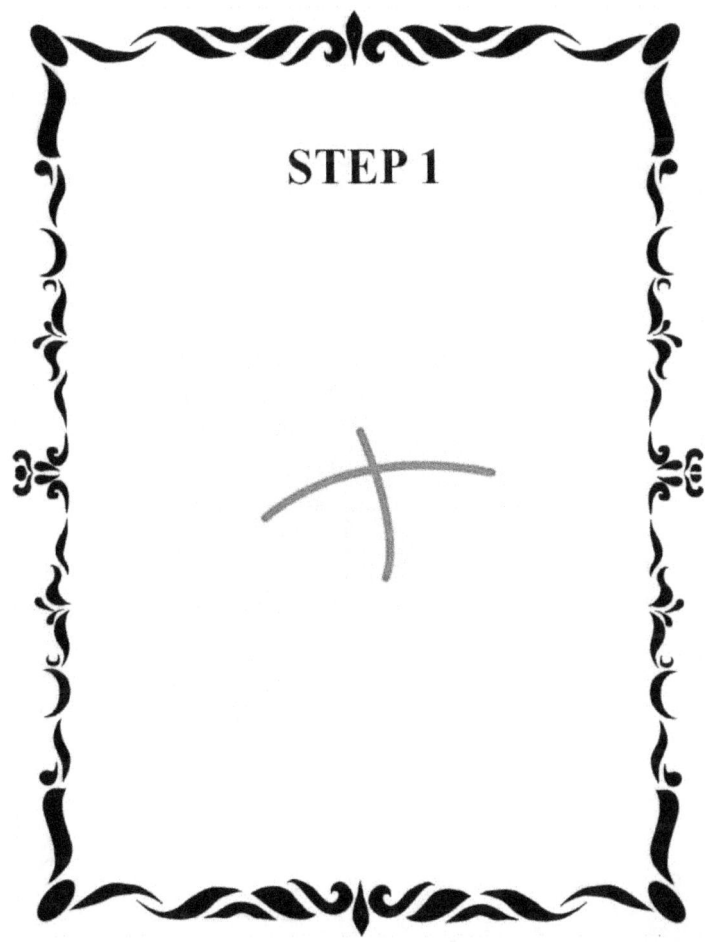

STEP 2

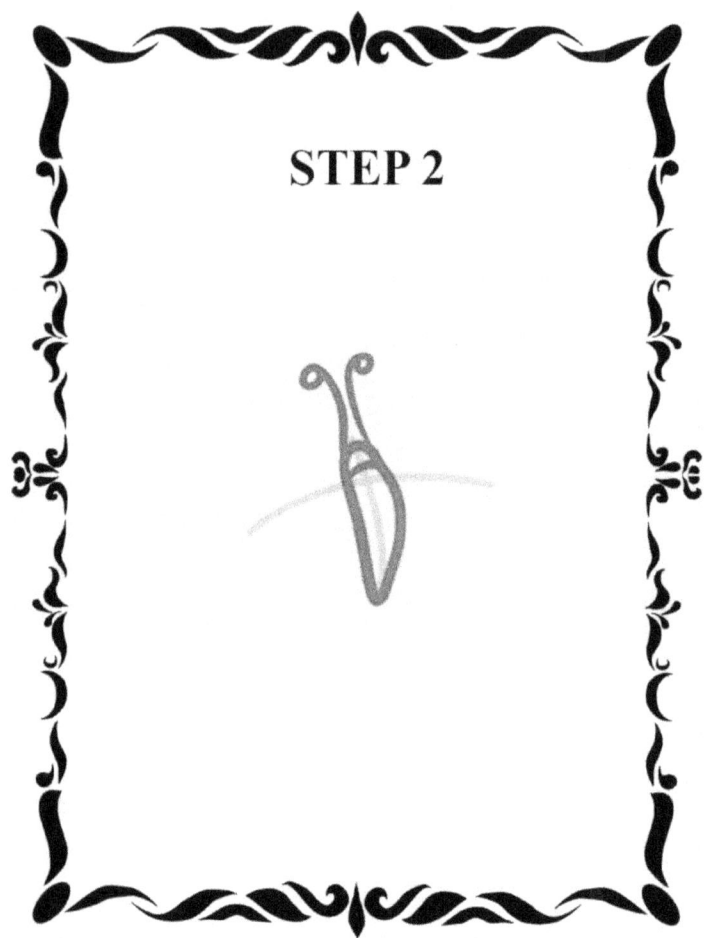

STEP 3

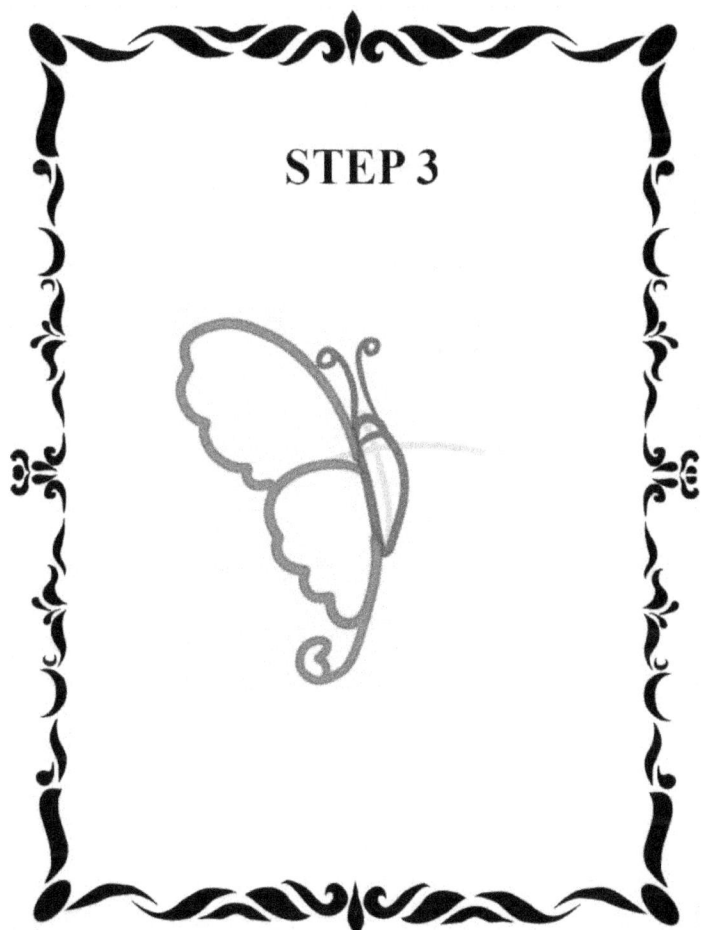

STEP 4

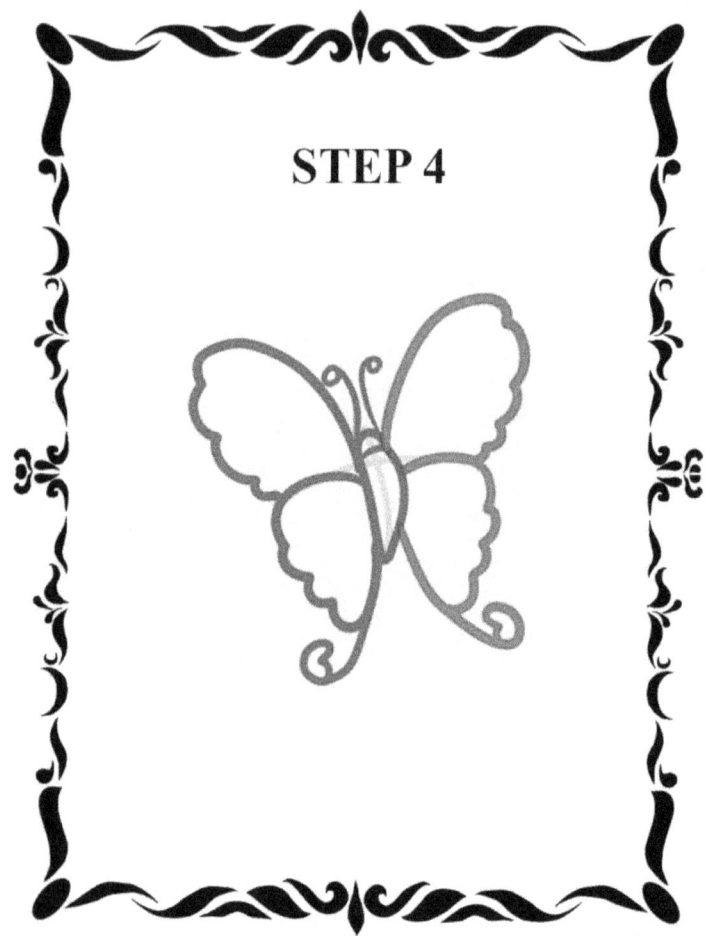

STEP 5

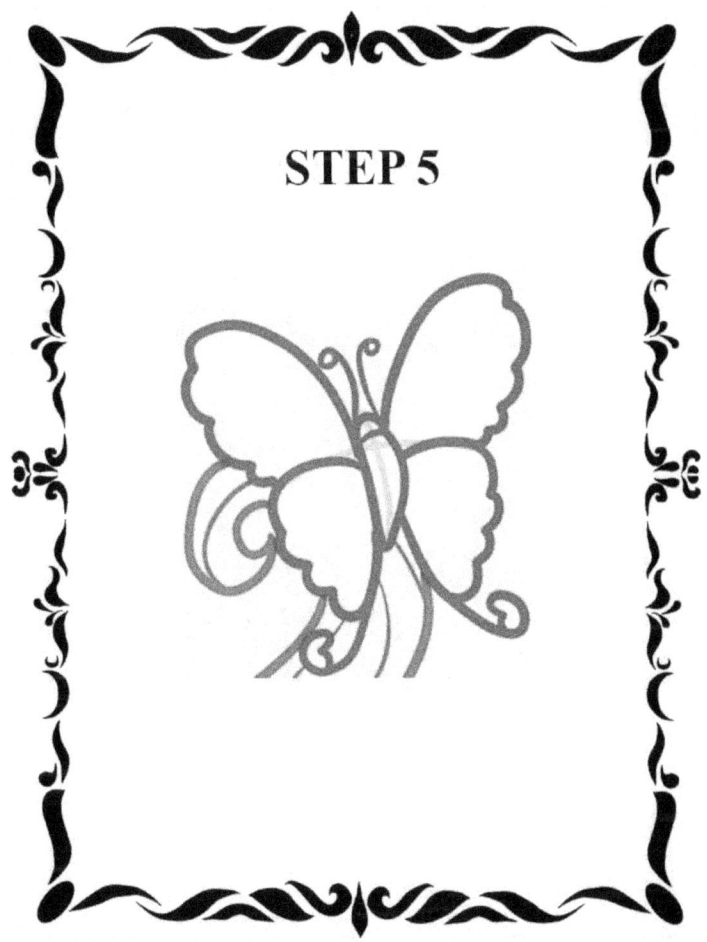

STEP 6

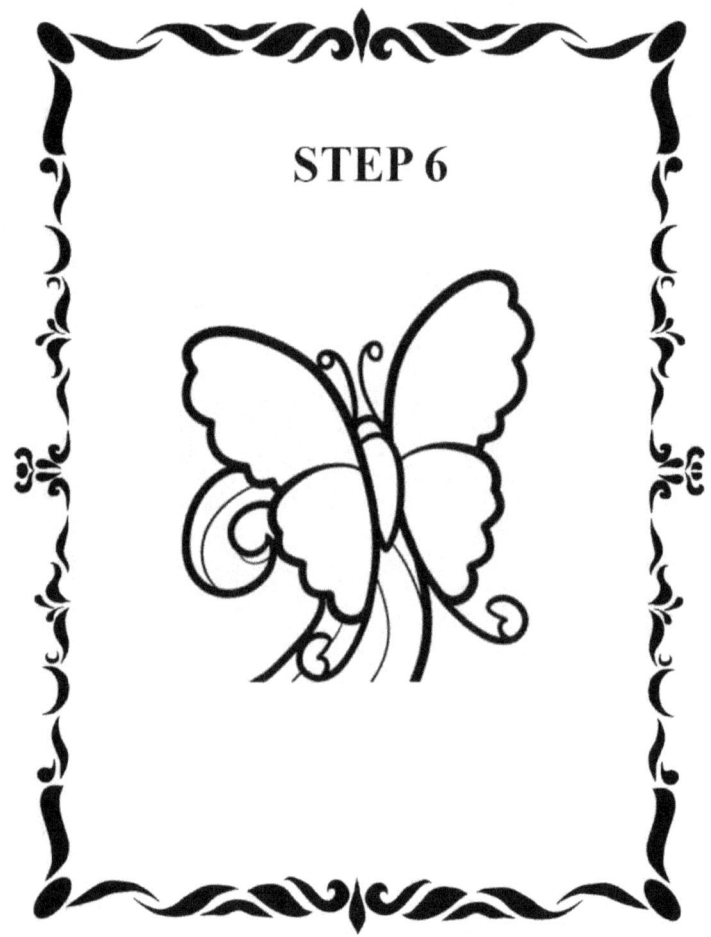

TRIBAL
BUTTERFLY

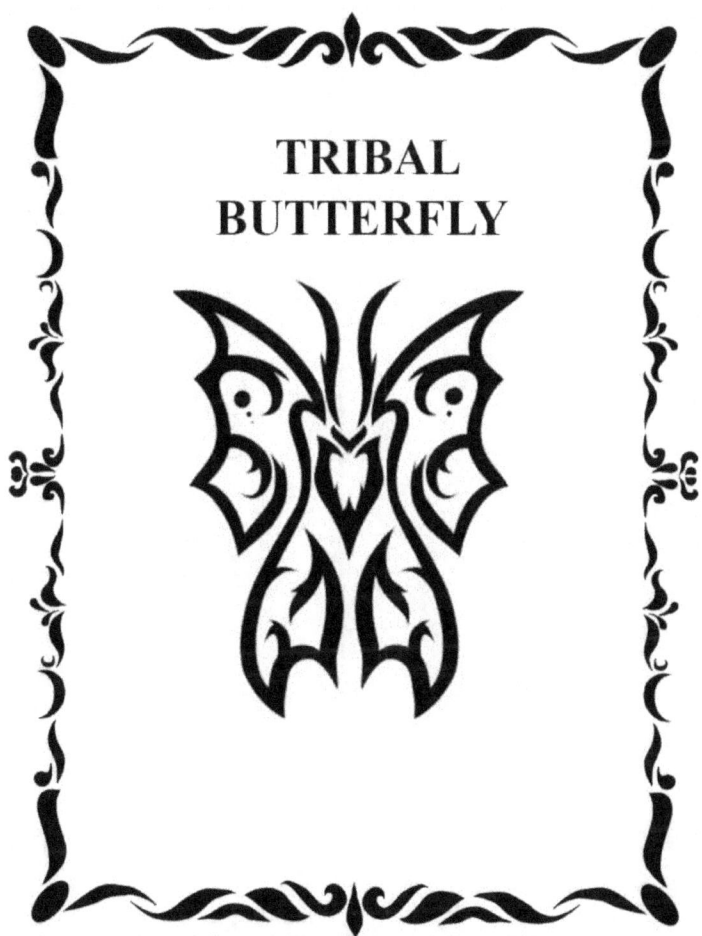

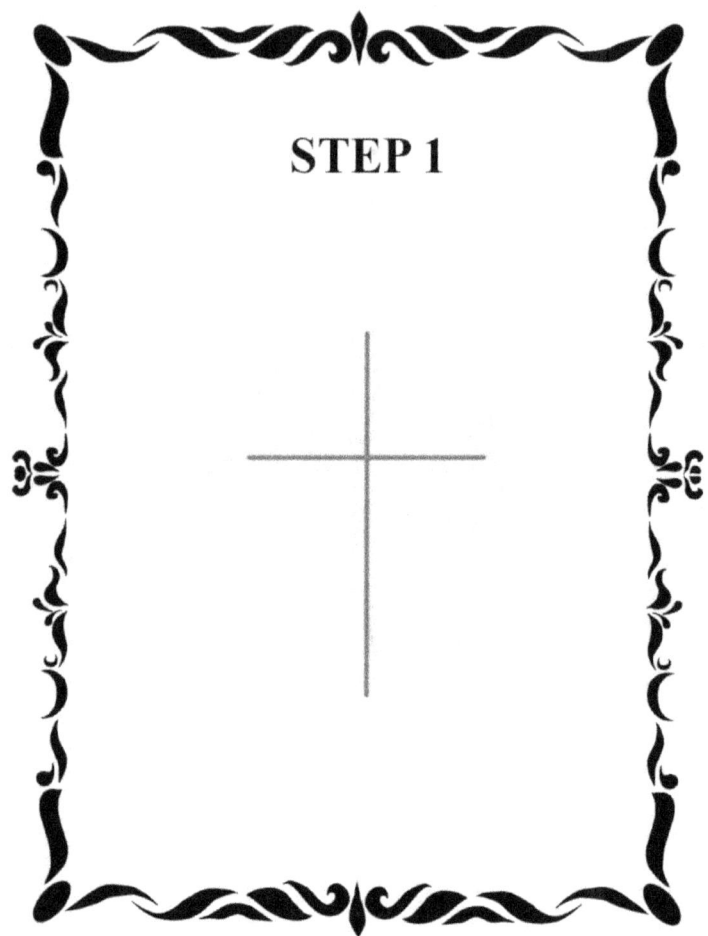

STEP 1

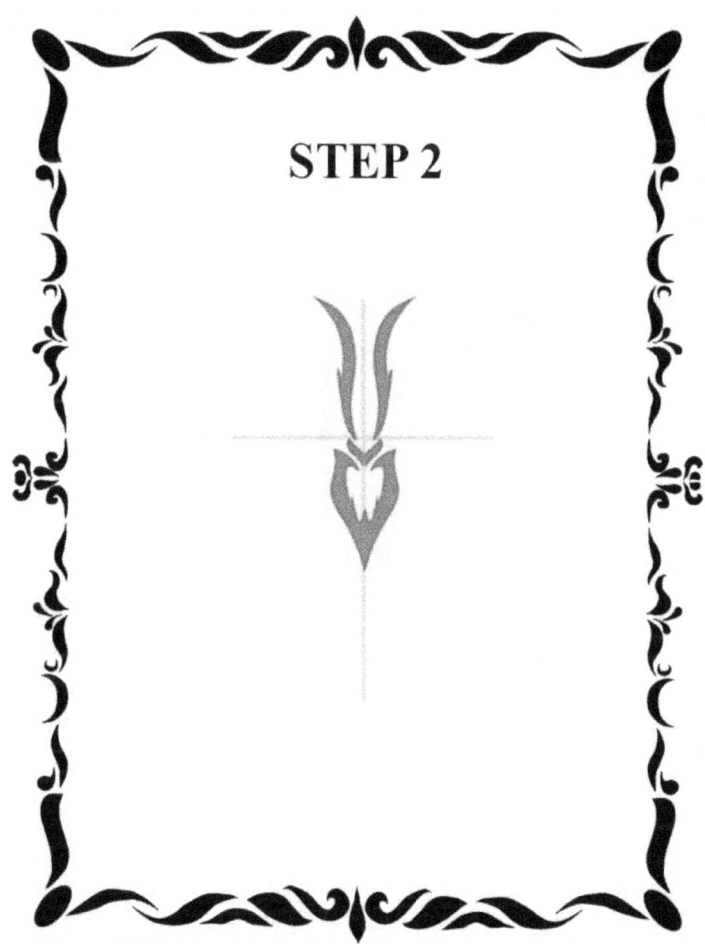

STEP 2

STEP 3

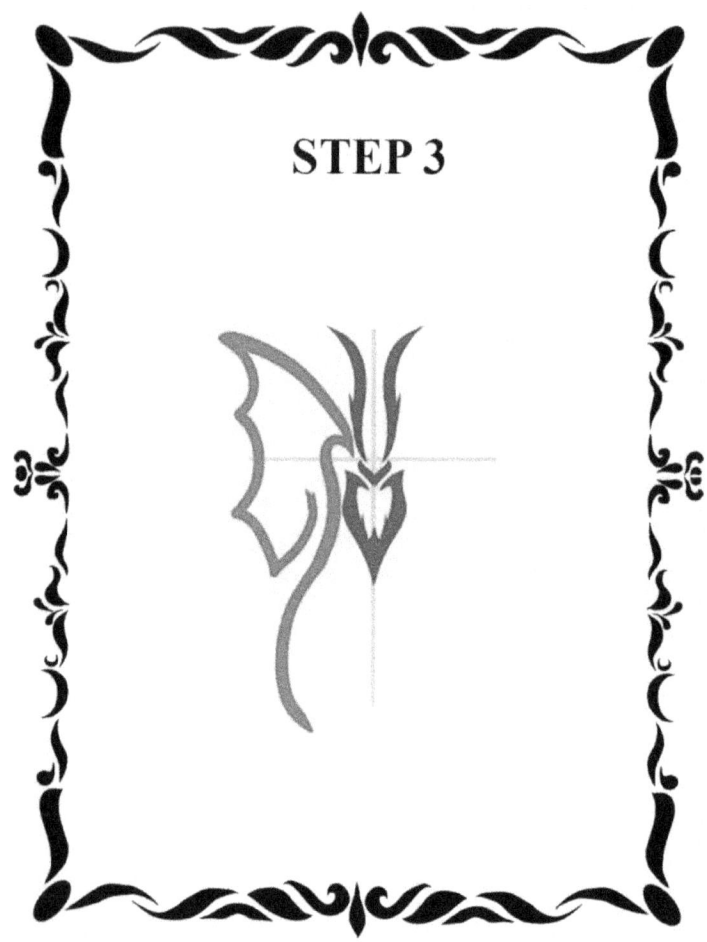

STEP 4

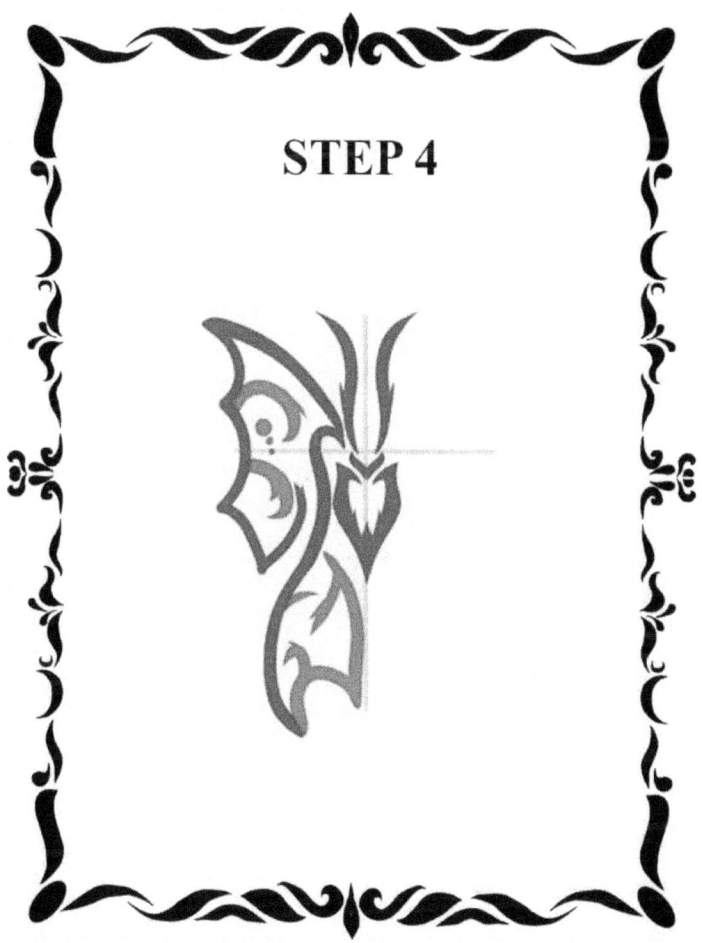

STEP 5

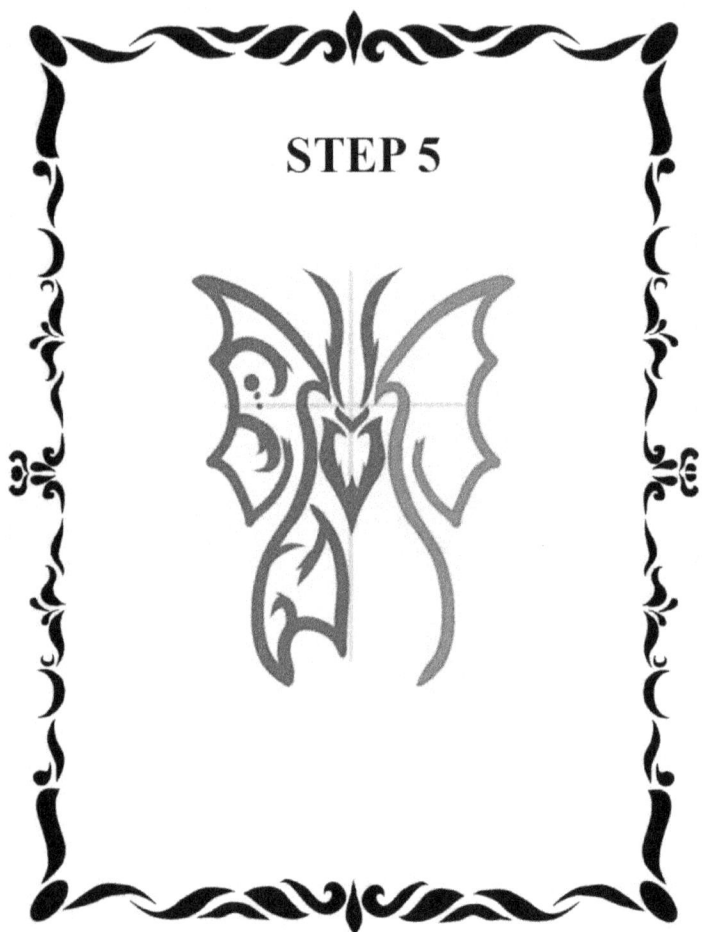

STEP 6

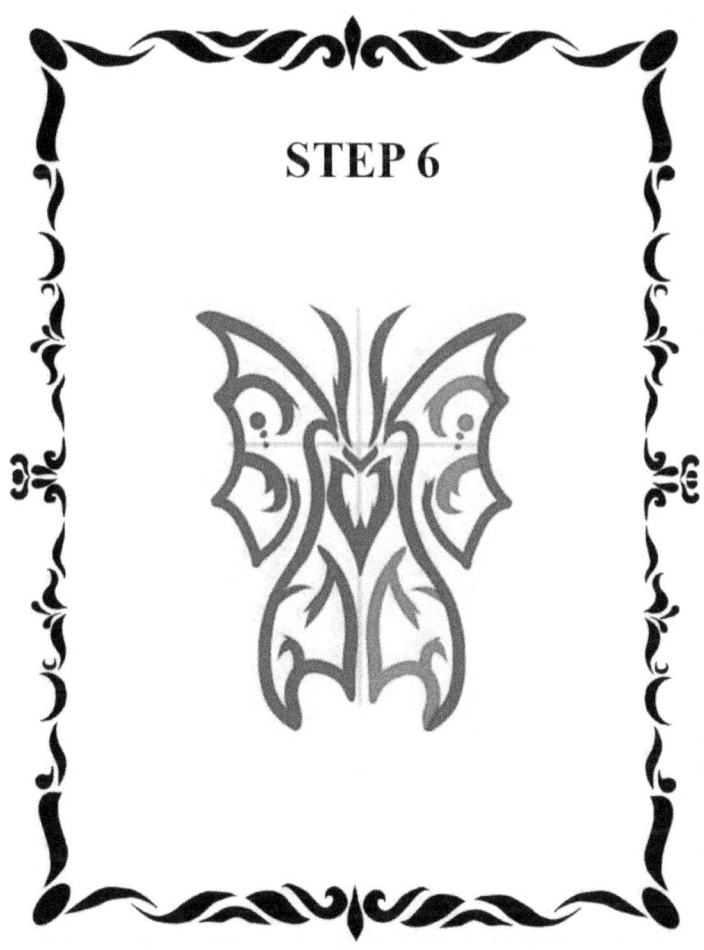

STEP 7

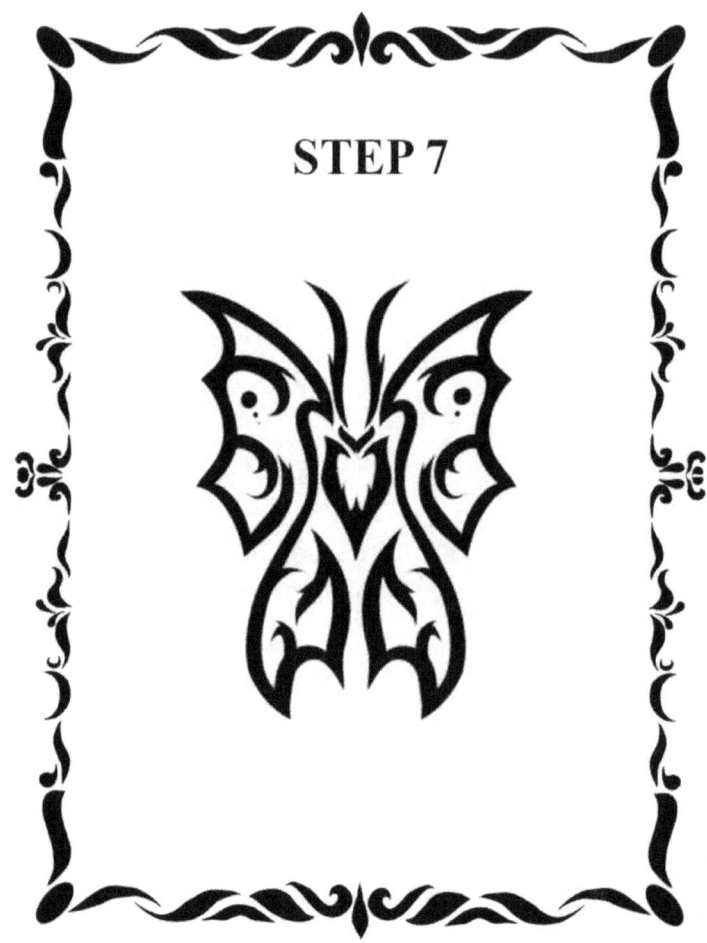